本书获得景德镇陶瓷大学中国陶瓷产业发展研

陶瓷产业集群与

RESEARCH ON COUPLING OF CERAMIC INDUSTRIAL CLUSTERS AND HIGH-QUALITY DEVELOPMENT OF REGIONAL ECONOMY

区域经济高质量发展的耦合研究

章立东 ◎ 著

经济管理出版社

ECONOMY & MANAGEMENT PUBLISHING HOUSE

图书在版编目（CIP）数据

陶瓷产业集群与区域经济高质量发展的耦合研究/章立东著 . —北京：经济管理出版社，（2023.8 重印）

ISBN 978-7-5096-8607-2

Ⅰ.①陶⋯　Ⅱ.①章⋯　Ⅲ.①陶瓷工业—产业发展—关系—区域经济发展—研究—中国　Ⅳ.①F426.71

中国版本图书馆 CIP 数据核字（2022）第 128840 号

组稿编辑：杜　菲
责任编辑：杜　菲
责任印制：黄章平
责任校对：王淑卿

出版发行：经济管理出版社
　　　　　（北京市海淀区北蜂窝 8 号中雅大厦 A 座 11 层　100038）
网　　　址：www.E-mp.com.cn
电　　　话：（010）51915602
印　　　刷：北京厚诚则铭印刷科技有限公司
经　　　销：新华书店
开　　　本：720mm×1000mm/16
印　　　张：13.25
字　　　数：204 千字
版　　　次：2023 年 1 月第 1 版　2023 年 8 月第 2 次印刷
书　　　号：ISBN 978-7-5096-8607-2
定　　　价：88.00 元

· 版权所有　翻印必究 ·

凡购本社图书，如有印装错误，由本社发行部负责调换。
联系地址：北京市海淀区北蜂窝 8 号中雅大厦 11 层
电话：（010）68022974　邮编：100038

前　言

我国经济由高速增长阶段转向高质量发展阶段，对区域协调发展提出了新的要求。不能简单要求各地在经济发展上达到同一水平，而是要根据各区域条件，走合理分工、优化发展的路子。就经济发展倚重传统制造业的城市而言，如何在一线城市和省会城市政策、人才和资本拼抢的形势下，加快培育差异化竞争优势并有效融入循环经济网络，最终实现高质量发展和产业升级，是地方政府和各类市场主体共同面对的难题。在中国经济进入新常态后，以佛山、景德镇制瓷业为代表的传统产业必须加快集群升级，走与区域经济高质量发展耦合联动之路。特别是景德镇作为陶瓷的代名词，其低耦合的现状与景德镇国家陶瓷文化传承创新试验区的千年机遇极不匹配。因此，本书结合时代背景，以我国陶瓷产业集群与区域经济高质量发展的耦合机理为主要研究内容，为我国陶瓷产业和区域经济的协调发展提供可行性建议。研究内容主要包括：

第一，分析产业集群与区域经济发展的耦合机制。对产业集群与区域经济发展的耦合的含义及其形成进行探讨，研究产业集群与区域经济发展的耦合机制以及产业集群与区域经济发展的耦合机制的相互作用，分析陶瓷产业集群与区域经济发展的耦合的内容与动力。

第二，对陶瓷产业集群及其区域空间进行识别检验。对国内陶瓷产业的地区分布和主要陶瓷产地的大致情况进行概括。在此基础上，结合经济数据列示了典型的陶瓷产业集群地，从宏观层面探究了我国陶瓷产业集群的具体演进，为后续实证识别的定性分析和指标体系的定量评价以及耦合模型的具体解读提供了分析素材和研究基础。同时，开展陶瓷产业集群的识别，给出产业集群识别标准，并基于区位商理论分析了我国陶瓷产业集群的现象。

第三，开展我国陶瓷产业集群与区域经济发展综合评价。构建以陶瓷为基础产业的产业集群与区域经济发展的耦合评价指标体系，包括陶瓷产业集群的综合评价指标（代表陶瓷产业集群发展水平）以及区域经济发展空间指标（代表区域经济发展空间综合发展水平）。

第四，陶瓷产业集群与区域经济高质量发展的耦合实证分析。以国内主要陶瓷产区为样本，实证研究陶瓷产业集群与区域经济发展的耦合、协调能力及其内在机制。区域经济发展由动力升级指数、生态和谐指数、社会进步指数和经济基本盘指数四个维度指标构成，兼顾发展的质性要求和量性要求。此外，根据陶瓷产业特性，关注制造业企业融资、产品运输和销售以及空气污染等关键问题。同时，通过剖解陶瓷产业集群与区域经济发展价值维度并构建评价指标体系，研究陶瓷产业集群与区域经济发展的耦合关系及其内在机制，发现只有少数陶瓷产区实现了产业集群与区域经济发展良性耦合和协调共进，而多数陶瓷产区面临发展阻滞、短板凸显问题，其根本原因是陶瓷产业集群与区域经济发展各子系统存在欠耦合。

第五，以景德镇为代表的陶瓷产业集群与区域经济发展的耦合案例分析。分析景德镇陶瓷产业集聚水平，探讨景德镇区域经济发展的基本情况，开展景德镇陶瓷产业集聚和区域经济发展的相关性分析，重点研究景德镇陶瓷产业集群与区域经济发展的耦合以及时间预测。

第六，总结全文，提出促进陶瓷产业集群与区域经济发展的政策和建议。

目　录

第一章
绪 论

在历史的长河中，陶瓷是中华民族的符号，许多地区皆因瓷而兴、以瓷闻名，如千年瓷都江西景德镇、名瓷古城湖南醴陵、时尚都市广东佛山等。我国陶瓷产业的区域格局受起源地和原材料供应等历史与现实因素的影响，具有较强的路径依赖特点，长期发展后，我国陶瓷产业呈明显的集群分布。理论上，良好的产业集群形式可以充分调动当地的各项资源，促进区域经济的良性发展。事实却是我国陶瓷产业已经在国际竞争中渐渐显露出后劲不足的态势（左和平，2013）。本书以陶瓷产业集群与区域经济发展耦合为研究内容，探讨促进陶瓷产业发展的可行方案。本章包括选题背景及意义、文献综述、研究思路与内容等。

一、选题背景与选题意义

自古以来，我国自然资源丰富，幅员辽阔，为陶瓷产业的发展提供了良好的环境。从发展空间上看，我国陶瓷产地集中分布在山东淄博、广东佛山、潮州，河北唐山，四川夹江，福建德化、晋江，江西景德镇等地。我国陶瓷产业区域集群特征显著，各产瓷区各有特色。但是就产业发展数据而言，景德镇的陶瓷产业发展规模太小、品牌太弱、影响力日渐衰弱，这与其千年瓷都的文化传承地位极不匹配。

2019 年 5 月 20 日，习近平总书记视察江西时指出，要加快建设景德镇国家陶瓷文化传承创新试验区；同年 11 月 14 日，李克强总理考察江西景德镇，提出创千年瓷都新风光，打造国际瓷都。领导人为景德镇区域经济和陶瓷产业集群发展指出了新的方向，从耦合这一经济现象出发，经过理论和实证的分析厘清"陶瓷产业集群"与"区域经济发展"之间的内在联系，从而形成以产业集群促进区域经济，特别是形成促进景德镇国家试验区协调发展的新思路，有利于实现发展动力由要素驱动、投资驱动转变为创新驱动。

本书以我国陶瓷产业集群与区域经济发展耦合为研究重点，依托较完善的理论基础，结合实地调研的客观事实，在对陶瓷产业的现状深入分析后利用先进的分析工具进行实证检验，有针对性地提出建议，以期促进国内陶瓷产业集群与区域经济发展耦合关系的进一步优化，助力经济腾飞。

（一）选题背景

时至今日，作为理论和现实热点，与产业集群相关的研究成果显著，突出体现在：一方面，国内外众多学者从产业集群的竞争优势、形成机理、特点、生命周期及其与区域经济发展的耦合关系等多个角度入手，提出了独到见解，形成了系统性的产业集群理论（Agost et al.，2011；Shin & Hassink，2011；Gabaldón-Estevan et al.，2014）。另一方面，大量的学者采用案例研究法，对发展较成熟的产业集群进行案例分析以探索其良好运行的成因，进而总结出案例中的成功经验以便实务界参考借鉴（Cusmano et al.，2015；Hervas - Oliver et al.，2017；Molina - Morales et al.，2019）。综观这些研究，从理论和实践都给后续研究提供了宝贵的财富，对本书的撰写意义非凡：一是启发了写作思路；二是丰富了理论部分的内容；三是拓宽了具体分析的视角。

目前，我国比较具有代表性的陶瓷产业基地主要有江西景德镇、四川夹江、湖南醴陵、福建德化、山东淄博、广东佛山等。这些地方各具特色，如山东淄博以极具美感的建筑陶瓷出名，而湖南醴陵陶瓷则以五彩陶瓷冠绝中外，至于千年瓷都景德镇，凭借着独特的制瓷工艺和崇高的历史地位优势始终在陶瓷产业中屹立不倒。虽然发展各有特色，但无一例外的是，它们都利用了产业集群和区域经济发展空间的耦合关系，不断促进产业优化升级。

受资源环境约束、劳动力成本上涨和区域性产业结构调整政策等诸多因素的综合影响，一些主要陶瓷产地出现了向外转移的趋势。同时，一些中小型陶瓷产地和新兴陶瓷生产区积极承接陶瓷产业转移，陶瓷产业布局出现了分散化的趋势（桑瑞联和希文，2016）。但是，总体而言，我国陶瓷产业产地高度集中的格局仍然较为明显，在短期内发生显著变化的可能性较小。

随着人力资源成本的上升和自然资源的不断枯竭，再加上人们日益增强的环保意识，陶瓷产业面临着许多亟待解决的困境。虽经过 40 年的发展，我国陶瓷产业产值和陶瓷产品出口重回世界第一的位置，但高附加值和技术创新仍然任重道远。不仅如此，在现有经济形势下，如何充分发挥好产业集群的推动作用，全面应对国内外经济变化的冲击是所有产业都必须解决的问题，作为国民经济重要组成部分的陶瓷产业更不例外。

（二）选题意义

作为一种典型的资源密集型产业，陶瓷产业的发展离不开大量的资源及资本投入，因此，著名的大型陶瓷产地一般都是以其为当地的支柱产业。但近代以来，作为区域支柱产业，各地陶瓷产业的发展遇到瓶颈，直接导致区域经济发展迟缓。

从表面来看，导致区域经济发展迟缓现象的直接原因是陶瓷产业竞争优势日渐减弱，但本质上却是陶瓷产业与区域经济发展的空间耦合效应未能充分发挥作用（章立东，2017），具体表现在基础设施建设不当、战略规划不合理、自然资源利用效率低下等方面。因此，研究陶瓷产业集群与区域经济发展的耦合不仅具有极大的理论意义，还具有重大的实践意义。

1. 理论意义

产业集群理论是目前经济学界研究的热点问题，产业集群的形成是一个地区形成竞争优势的主要手段。产业集群理论研究一方面能丰富和完善产业集群理论、产业组织理论和现代创新理论，另一方面能促进西方经济学、产业经济学、发展经济学、区域经济发展学等相关学科的发展和融合，具有重要的意义。

随着经济全球化的不断深入，关于产业集群问题的理论研究已经囊括多个方面，涉及众多角度。本书借鉴了前人的理论研究成果，以此为基础对产业集群理论进行重新梳理，并全面剖析了产业集群模式带来的竞争优势及其对区域经济发展的促进作用。

已有的理论研究对陶瓷产业集群与区域经济发展内在关联等问题的相关探讨不够全面，具体表现为：在研究视角上，大多数学者都是对各大陶瓷产地发展现状方面的研究，对于当地陶瓷产业集群动态演化过程进行系统梳理的极少（张玉山等，2021），更多的是就某一具体时点对该陶瓷产业现状进行阐释与分析；在研究内容上，大多数学者都将重点放在陶瓷产业集群的优势上，对陶瓷产业和区域经济发展的耦合关系的论述不深入，分析也不全面；在研究方法上，多数研究都采用单个案例的形式论述某个陶瓷产地的集群现状与区域经济发展，缺乏代表性和说服力。

长期以来，国内外学者大都将产业集群定义为大量关联企业的聚集，如新出现的工业区、新兴产业空间等，这些定义只关注了产业集群模式表面呈现的地理上的相互靠拢，完全忽略了这一模式背后体现的经济规律和业务实质，以致现有的理论研究过于抽象，人们很难理解产业集群的内在本质，这自然也削弱了相关理论的说服力。经济学领域更多地将研究重心放在生产对象、生产时间等生产力研究上，极少有学者从整体宏观区域经济发展的角度探讨经济效应的发挥与生产进步。

因此，本书以陶瓷产业集群与区域经济发展的耦合关系为研究对象，以陶瓷产业集群与区域经济发展相互作用的动态演化为切入点，通过对产业集群现象的分析，探讨陶瓷产业集群各地区产业发展与区域经济发展的耦合必备条件、形成机理、集聚效应等，这有利于丰富经济学理论的研究内容。

本书对陶瓷产业集群和区域经济发展的耦合关系而言：向前分析了陶瓷产业集群的定义和形成机理，向后拓展了区域经济发展空间的特点和主要影响因素，丰富了现有文献。此外，本书对陶瓷产业集群与区域经济发展的耦合关系作了较完整的论述，形成了比较完整的逻辑研究链条；构建了较完整的研究陶瓷产业集群与区域经济发展耦合关系的逻辑框架。

综上所述，产业集群与区域经济发展耦合关系的研究有利于丰富区域经济发展学和产业经济学的研究内容。

2. 实践意义

陶瓷产业具有悠久的历史，是区域经济发展的支柱产业，然而在发展过程中却遇到诸多问题，各瓷厂相继倒闭，振兴陶瓷产业成为地方政府和企业亟待解决的头等大事。2007 年，中央政府公布的资源枯竭型城市中，曾经闻名全球的世界瓷都景德镇赫然在列。在新形势下，陶瓷产业转型成为困扰企业家的难题。我国陶瓷产业正遭受着资源短缺、来自国内其他非主要陶瓷生产城市和国外竞争压力，亟待实现产业整体升级（许水平和尹继东，2013；周志，2014）。

本书通过对陶瓷产业集群与区域经济发展的耦合关系进行细致广泛的分析，提出有针对性的、可操作性强的规划建议，可以作为当地政府和企业生产的参考，以推动陶瓷产业集群升级及区域经济的快速发展。

（1）产业集群模式有利于增强区域产业的竞争优势。不管是对地区或国家而言，保持国际竞争力的根本前提是提升本区域产业竞争力，而要实现本区域产业优势最大化必须依赖关联企业集合而成的产业集群（Slaper et al.，2018）。现代产业理论最新研究成果表明，产业集群模式有利于增强区域产业的竞争优势。一般而言，形成产业集群都是以一个或几个主导企业为核心，这些主导企业围绕本地资源与生产特色不断变化发展，通过衍生、分立或合并等方式形成企业群，进而不断演化成成熟的产业集群。

一个产业或企业群的出现都是由本区域市场内部需求触发的，但是要真正形成产业集群必须要产业间、企业间及企业与外部机构间形成互补，相互关联，不断发展成较完善的产业链。而随着企业数的增多也会不断在空间上日趋靠拢，成为较完整的产业区。在此基础上，散布于某区域内的不同产业和企业间相互竞争、相互合作，减少交易成本，发挥规模经济效应。这种模式较纵向一体化的企业集团更具有灵活性，并且可以通过彼此学习推动创新，在产业价值链上寻找新的经济增长点，发挥更大的影响力。在这种模式下，规模经济效应、知识溢出效应以及范围经济效应不断放大，不仅可以促进本产业群内的企业壮大，催生专利创新与新企业形成，而且可以推动分工专业化，提升区域与产业绩效，进而促进整个区域经济发展的进步（Chrisinger et al.，2015；Delgado et al.，2016）。

（2）产业集群模式有利于促进区域经济发展飞速加快。在产业集群模式下，大量企业聚集在一起，这就必然意味着会有大量劳动力集中在一起，他们为本区域内的企业提供了充足的人力资源，而产业集群的发展又反过来为本地居民提供了良好的就业环境和充分的选择空间，便于人才对接（You et al.，2021）。在此基础上，产业集群的发展使得基础设施不断完善，包括基础通信、物流交通等多个方面，除方便了人们的生活，降低了交易成本和时间成本外，也带动了相关产业的发展，促进内部投资、就业与消费（Toussaint-Comeau et al.，2016）。长期发展后，产业园区的规模不断扩大，产业内部布局日趋合理，区域产业结构不断优化升级，将会引导劳动力向更合理的方向流动，帮助区域经济发展更快提高。基于产业集群依赖资源的特点，一个产业集群的形成会带有明显的地域特征。随着时间推移，产业集群会在拉动就业、完善基础设施建设、推动周边经济进步等多个方面发挥核心作用。

（3）产业集群模式有利于刺激区域技术发展，助力技术创新。根据传统的企业理论，企业的形成是为了追求超额利润，而超额利润的实现有赖于制度的优化和硬件的提升。其中，科技创新是核心生产力，技术的优化可以节约生产成本，扩大市场份额，形成明显的产业优势。在产业集群模式下，关联企业之间不仅地理位置接近，业务联系更紧密，便于企业间信息传递和知识交流，这既促进了相互学习，又激发了创新潜力，提升创新绩效（Lai et al.，2014）。在此基础上，企业信息不对称程度大大降低，有利于迅速了解市场的需求，准确进行企业定位，及时了解市场动态，寻找潜在机会，灵活调整企业战略，集中力量发展核心技术。此外，也为相关企业的发展提供了经验和方向性指导。

（4）企业的聚集可以实现正外部性。一方面，关联企业聚集可以实现通信、医疗、交通等公共基础设施的共享，避免重复建设，节约企业生产成本并减少环境污染（Engelberg et al.，2018）；另一方面，关联企业聚集可以促进企业间分工明细化，避免低质竞争，促进市场良性循环，提高企业自主性。就陶瓷产业本身而言，"一带一路"、"双创"等政策的出台除拓宽了陶瓷产业的未来市场，激发了它们的新活力外，也为陶瓷产业不断完善上下游产业链、充分利用区域优势、建立较完善的产业集群、共享基础设施建设等提供了基本的条件，帮助陶瓷产业更好地集中力量挖掘自身优势并结合区域特点扩大市场份额，进而推动区域经济更好发展。就相关企业而言，陶瓷产业集群与区域经济发展的空间耦合效应关系到它们的未来发展。就社会公众而言，本书研究结论为陶瓷产业集群的良性发展和区域经济发展的空间耦合效应的充分发挥提供了可行性建议，一方面可以带动本地经济进步、创造就业机会，另一方面推动当地公共交通、通信工程等基础设施的不断完善，提高当地群众的整体生活质量。

深入调研后笔者发现，我国陶瓷产业发展形势日趋严峻，面临许多发展阻碍。较为明显的有：第一，产业结构不合理。表面来看，我国已经形成了以日用陶瓷、艺术瓷、建筑陶瓷为主的品类丰富的陶瓷产业格局，实际上陶瓷市场流通的陶瓷品质参差不齐、分类模糊，各大陶瓷产区建设差异不大，未形成结构合理的特色陶瓷产业布局。第二，基础设施不科学。陶瓷产业的发展需要基础设施做支撑，但是当前陶瓷企业缺少协作精神，重复建设、互相模仿等现象严重，导致大量的资源浪费。第三，竞争格局不优。当前，陶瓷企业生产的产品几乎如出一辙，不寻求新技术突破而是着力于打价格战或欺骗顾客，以次充好；不同的陶瓷产区缺乏战略眼光，不发掘潜在市场份额，而是致力于保住现有的市场地位。因此，必须深入剖析各陶瓷产区的综合情况，了解该产业及相关产业的发展方向，才能全面把握区域经济发展的未来动态，提升本区域的竞争实力，促进产业协调发展。

基于以上种种，促进陶瓷产业集群模式不断切合各地实际情况，发挥其核心产业与区域经济发展空间的耦合优势，不仅可以为未来陶瓷产业集群研究指明方向，而且通过理论指导实践，壮大国内陶瓷产业的核心竞争力，为助推地方经济发展发挥作用。

二、国内外相关研究的文献回顾

陶瓷是陶器和瓷器的总称。中国是陶瓷的发源地，有着几千年的悠久制瓷历史，传统陶瓷业是传承中华文明的重要产业之一（李海东和方志斌，2018）。如今，中国成为全球最大的陶瓷生产国，约占全球陶瓷产量的一半以上，产业规模不断扩大、产业集群融合联动、产业技术持续提升（袁永等，2016；郭建芳，2017），形成了以卫生陶瓷、建筑陶瓷、日用陶瓷、电工陶瓷与陶瓷新材料等快速发展的产业化格局。国内陶瓷产区主要集中在广东（佛山、潮州）、江西（景德镇）、河北（唐山）、山东（淄博）、湖南、江苏与福建等地（郭建芳，2017），各产区特色优势明显，产品结构多元。近年来，国家与地方相继出台各种政策引导陶瓷产业持续发展，2013年，四部委联合下发《关于加强陶瓷产业知识产权保护工作的意见》；2002～2020年，景德镇市、佛山市、潮州市、唐山市、梅州市、永春县与临川县等地市印发关于打造陶瓷产业集群、加强陶瓷产业发展的通知意见；2019年，国家发展改革委、文化和旅游部印发《景德镇国家陶瓷文化传承创新试验区实施方案》；2019 年，15 部门联合印发《关于推动先进制造业和现代服务业深度融合发展的实施意见》，可见推进陶瓷制造业与陶瓷服务业深度融合，有利于更好地培育现代陶瓷产业体系，探索陶瓷产业发展新业态，促进陶瓷产业高质量发展。从国际来看，随着现代工业与高新技术的不断应用及创新拓展，陶瓷产业结构不断调整优化，陶瓷产业发展向专业化与价值链高端环节延伸，新兴陶瓷生产国的巴西、印度与俄罗斯产量大幅增加，意大利与西班牙等陶瓷大国则向陶瓷产业高端化发展进程迈进（袁永等，2016）。

基于这样的发展背景，学术界对陶瓷产业发展进行了一系列的研究。从国内研究来看，陶瓷产业发展多集中于对产业集群特点、绩效功能与技术创新的分析（叶小兰，2007），主要是以江西景德镇与广东佛山为例，覆盖陶瓷产业全方位发展。而就国外研究而言，则以产业可持续创新发展为主，案例分析大多集中于意大利与西班牙的瓷砖行业，产业研究范围较单一。本节采用文献计量方法，基于 CNKI 数据库中的子库 CSSCI 与 Web of Science（WOS）数据库中的子库 SSCI，运用 CiteSpace 可视化分析软件绘制知识图谱，对 2002~2021 年国内外陶瓷产业发展研究进行对比分析，综合文献历时性分布与关键词共现聚类分析梳理国内外陶瓷产业发展研究主题热点，对比国内外陶瓷产业研究的特征与差异，理清国内外陶瓷产业发展脉络与前沿趋势，发现国内陶瓷产业发展研究有待深化的方向，以期为未来陶瓷产业发展研究提供参考与借鉴。

（一）国内外文献可视化对比分析

1. 研究设计与数据来源

Pritchard（1969）首次提出文献计量学，认为其是"运用数学和统计学方法对书籍或各种书面沟通材料进行研究"。文献计量法以文献数量统计为基础，运用可视化分析软件整理归纳海量文献数据中的关键特征与主要信息，通过知识图谱的形式展现知识变化发展与结构关系进程。该方法广泛应用于各学科研究热点、发展脉络与前沿趋势的量化分析（张妮和王婧媛，2017）。本节采用的知识图谱工具是由国际著名的信息可视化专家陈超美教授用 Java 语言开发的信息可视化软件 CiteSpace 5.8 R1。该软件绘制的关键词共现等知识图谱可以展现某个领域的研究发展动态、规律与分布情况以及主题演进趋势，所以本节应用 CiteSpace 对比分析国内外陶瓷产业发展研究的时空分布、主题热点、演进脉络与发展趋势。

本节的中文文献数据来自 CNKI 数据库的子库，以"陶瓷产业"为主题进行检索，文献来源类别限定为 CSSCI 期刊，检索年限为 2002～2021年，共检索到相关期刊文献 92 篇。在国外研究方面，选取 WOS 数据库的子库 SSCI，以"Ceramic Industry"为主题词进行检索，文献类型为"article"，语言限定为英语，检索年限为 2002～2021 年，共检索到相关期刊文献 170 篇。为保证数据的有效性与研究精确度，通过仔细阅读文献题目、关键词与摘要，手动剔除只是将陶瓷产业作为描述性术语而不关注陶瓷产业发展的，只是新闻类与公告类的无关文献、重复文献以及信息不全的文献 86 篇，最终的数据来源确认为中文文献 88 篇、英文文献 88 篇。

2. 研究文献发文数量态势分析

为整体把握国内外陶瓷产业发展研究文献的历时性与数量变化，本节对 2002～2021 年国内 88 篇陶瓷产业发展相关文献与国外 88 篇陶瓷产业发展相关文献进行对比分析。

通过对比 2002～2021 年国内外陶瓷产业发展研究文献数量与发表趋势发现（见图 1.1），从整体方面来说，虽然部分年份有下降，但国内外陶瓷产业发展研究呈增长态势，这表明陶瓷产业发展研究日益受到国内外学者的关注与探讨，影响逐步扩大。从时序方面来说，虽然国内起步较晚，首次陶瓷产业发展研究出现于 2004 年，集中关注于景德镇陶瓷产业振兴与产业集群演变发展主题（郭建晖，2004；秦夏明等，2004），但国内 2004～2016 年增长趋势较迅猛，2011 年达到峰值，当年发文量达 13篇。这可能是由于自 2002 年开始，国家与各地市（景德镇市、佛山市、唐山市、梅州市、永春县与临川县）陆续推出陶瓷产业发展规划与意见，出台许多有力措施助推陶瓷产业发展有关，学术界对于陶瓷产业发展研究开始升温,对其他陶瓷产业集群的研究大量出现(周杰,2008;李松志,2009;王凤波和范忠宏,2011;赵波等,2011)。对于国外来说,陶瓷产业发展研究起步较早,呈现平稳增长态势,2014年后研究迅速增长,这可能是由于:一方面,各国制定政策纲领性文件引导陶瓷产业全面创新集群化发展。例如,欧洲陶瓷工业协会制定《陶瓷行业未来四十年发展蓝图》,美国制订为期20年的先进陶瓷发展计划。另一方面,随着工业4.0模式的演进、智能化发展与绿色经济的转型,加速推动传统陶瓷制造业关注转型升级(Da Silva et al.,2017;Micheli,2018),走陶瓷产业可持续发展创新之路,进一步促进了陶瓷产业发展的学术研究。

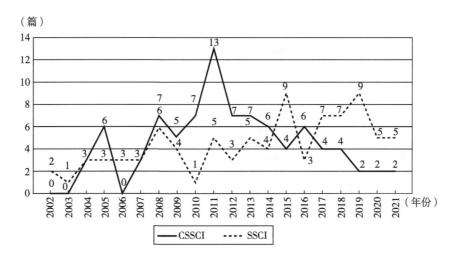

图1.1 国内外陶瓷产业发展研究文献年代分布对比

3. 研究文献来源分析

发表陶瓷产业发展相关研究的期刊种类较多,按照国内研究发文量筛选出13种主要发文期刊(见表1.1),其中发文最多的期刊是《江西社会科学》,之后是《装饰》与《科技管理研究》。《江西社会科学》隶属于江西省社会科学院,《装饰》隶属于清华大学,是一本工艺美术综合性学术刊物,而景德镇陶瓷是艺术陶瓷的代表之作,景德镇陶瓷产业集群演化与创意文化产业融合发展是学者们关注的主题。《科技管理研究》隶属于广东省科学学与科技管理研究会，广东省佛山陶瓷产业基础雄厚、品牌优势明显、市场体系完善、技术工艺领先，一直走在国内陶瓷产业发展的前列，引领国内陶瓷产业创新高质量发展。对于国外来说，按照研究发文量筛选出 12 种主要发文期刊（见表 1.2），其中发文最多的期刊是 *Sustainability*，之后是 *Journal of Cleaner Production*、*European Planning Studies*、*Technovation* 与 *Research Policy*，可以看出国外陶瓷产业发展更多偏向于可持续技术创新发展方向，逐渐步入现代工业行列。通过对比发现，国内外陶瓷产业发展研究与市场实际需求结合紧密。

表 1.1　国内陶瓷产业发展研究主要发表期刊分布情况

序号	国内期刊名称	数量（篇）	占比（%）
1	江西社会科学	10	11.4
2	装饰	8	9.1
3	科技管理研究	7	8.0
4	企业经济	6	6.8
5	统计与决策	4	4.5
6	经济地理	4	4.5
7	中国工业经济	2	2.3
8	亚太经济	2	2.3
9	中国统计	2	2.3
10	江西财经大学学报	2	2.3
11	艺术评论	2	2.3
12	中国软科学	2	2.3
13	软科学	2	2.3

表 1.2　国外陶瓷产业发展研究主要发表期刊分布情况

序号	国外期刊名称	数量（篇）	占比（%）
1	*Sustainability*	9	10.2
2	*Journal of Cleaner Production*	5	5.7
3	*European Planning Studies*	5	5.7
4	*Journal of Archaeological Science*	4	4.5
5	*Technovation*	3	3.4
6	*Research Policy*	3	3.4
7	*Entrepreneurship and Regional Development*	3	3.4
8	*Regional Studies*	3	3.4
9	*International Journal of Technology Management*	3	3.4
10	*International Journal of Operations & Production Management*	2	2.3
11	*Applied Sciences-basel*	2	2.3
12	*Work-a Journal of Prevention Assessment & Rehabilitation*	2	2.3

4. 研究热点分析（关键词共现与关键词聚类分析）

研究热点是指在某一时期内，学者对于某一学科领域关注较多的主题，关键词则是反映文章主题与内容的高度凝练。通过对国内外陶瓷产业发展文献的关键词共现与聚类分析研究，可以明晰陶瓷产业发展研究领域的热点与关系。

（1）关键词共现分析。运行 CiteSpace 软件，节点类型（Node Types）设置为"Keywords"，时间范围为 2002～2021 年，网络修剪算法（Pruning）为"Pathfinder"、"Pruning the merged network"，绘制成国内外陶瓷产业发展研究的关键词共现知识图谱（见图 1.2 和图 1.3）。其中，国内陶瓷产业发展研究共有 198 个节点，362 条连线，网络密度为 0.0186；国外陶瓷产业发展研究共有 217 个节点，706 条连线，网络密度为 0.0301。

对比图 1.2 和图 1.3、表 1.3 和表 1.4 可以发现，国内外陶瓷产业发展研究的热点与主题内容既有相似性又有差异性。所以，为更深入地理解国内外陶瓷产业发展研究的特点，下面将从相似性与差异性两个视角对比分析国内外陶瓷产业发展研究的热点与主题内容。

产业转移
产业升级
全球价值链
佛山陶瓷
产业集群
绩效评价
科技创新
创新能力
陶瓷产业
集群绩效
陶瓷产业集群
产业转型升级
景德镇
特色产业集群
日用陶瓷
技术创新
文化产业
自主创新
陶瓷文化产业

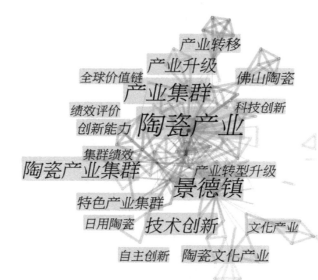

图 1.2　国内陶瓷产业发展研究关键词共现图谱

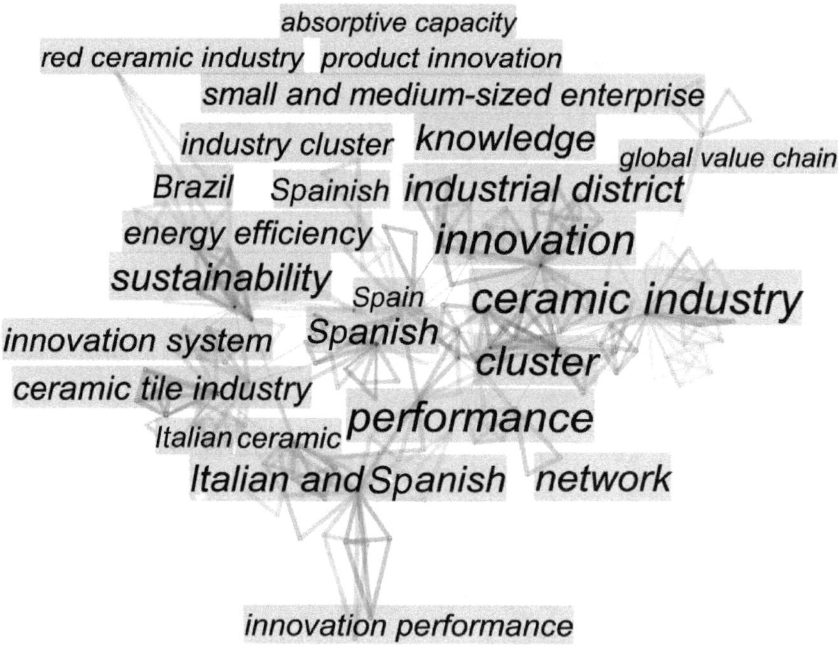

absorptive capacity
red ceramic industry
product innovation
small and medium-sized enterprise
industry cluster
knowledge
global value chain
Brazil
Spainish
industrial district
energy efficiency
innovation
sustainability
Spain
ceramic industry
innovation system
Spanish
cluster
ceramic tile industry
performance
Italian ceramic
Italian and Spanish
network
innovation performance

图 1.3　国外陶瓷产业发展研究关键词共现图谱

表 1.3　CSSCI 收录陶瓷产业发展研究关键词排序表

关键词	频次	中心性
陶瓷产业	31	0.48
景德镇	23	0.43
产业集群	12	0.37
陶瓷产业集群	11	0.15
技术创新	7	0.1
产业升级	5	0.2
产业转型升级	4	0.08
陶瓷文化产业	4	0.08
特色产业集群	3	0.17
产业转移	3	0.09
创新能力	3	0.05
佛山陶瓷	3	0.06
文化产业	2	0.07
全球价值链	2	0.02
科技创新	2	0.02
日用陶瓷	2	0.01
创意产业	2	0.01

表 1.4　SSCI 收录陶瓷产业发展研究关键词排序表

关键词	频次	中心性
Ceramic tile industry（瓷砖产业）	42	0.75
Ceramic industry（陶瓷产业）	18	0.51
Innovation（创新）	14	0.23
Spanish（西班牙的）	14	0.09
Italian and Spanish（意大利的与西班牙的）	11	0.05
Sustainability（可持续）	8	0.15
Performance（绩效）	8	0.12
Energy efficiency（能源效率）	8	0.18
Industrial district（产业区）	8	0.11

续表

关键词	频次	中心性
Cluster（集群）	8	0.12
Network（网络）	4	0.02
Brazil（巴西）	4	0.06
Technological innovation（技术创新）	3	0.05
Small and medium-sized enterprise（中小企业）	3	0.02
Product innovation（产品创新）	3	0.02
Innovation system（创新系统）	3	0.03
Global value chain（全球价值链）	2	0.02

（2）相似性视角。首先，国内外陶瓷产业发展研究均重视陶瓷产业集群与创新的关系，通过合作培育创新能力、激发创新活力，打造产业集群，壮大陶瓷产业发展新动能，其共同或相似关键词包括"陶瓷产业"、"产业集群"（陶瓷产业集群）、"创新能力"、"创新"。例如，左和平和杨建仁（2011）通过应用固定效应面板数据模型（2003~2009年）对中国八大主要陶瓷产区的产业集群绩效与创新能力和产出能力进行了实证分析，研究发现中国陶瓷产业集群仍处于粗放型经营阶段，需提升创新能力；Albors-Garrigos 与 Hervas-Oliver（2019）以西班牙瓷砖产业集群为案例，分析在产业集群背景下企业如何实现颠覆式创新，以及陶瓷产业内部集群与外部网络链接之间如何与创新融合发展。其次，国内外陶瓷产业发展研究均将技术创新作为助力陶瓷产业高质量发展的重要抓手，通过数字化与智能化改造、搭建陶瓷产业创新发展平台等措施持续推进科技赋能，其共同或相似的关键词包括"陶瓷产业"、"技术创新"、"科技创新"。例如，余炳才等（2011）通过构建景德镇陶瓷技术创新服务平台，采用 SWOT 分析法探讨景德镇陶瓷产业创新发展的未来战略；Flor 与Oltra（2005）以 88 家西班牙瓷砖企业为样本，实证研究发现企业的技术创新能力有助于推进企业出口绩效的增长，同时也有利于提升企业的国际竞争力。最后，国内外研究均重视陶瓷产业集群与全球价值链的互动与发

展过程，分析陶瓷产业集群所面临的问题与挑战，通过案例实证研究为全球化背景下陶瓷产业集群升级提出建议与策略，从而创造价值推动区域经济发展，其共同或相似的关键词包括"陶瓷产业"、"全球价值链"。例如，左和平（2010）以中国建筑卫生陶瓷产业集群与艺术日用陶瓷产业集群为基础，对比二者在嵌入全球价值链发展历程之间的差异，提出在全球价值链中制定相关政策扶持、加强制度环境建设，寻求合理合适定位、向设计研发端与品牌营销端迈进等策略措施促进陶瓷产业集群转型与升级，打破区域协同发展壁垒，助力国内陶瓷产业整体性高质量发展；Oliver 等（2008）以西班牙瓷砖产区 Castellon（卡斯特利翁）为案例，基于 22 次面对面访谈的实证探究分析发现瓷砖产业集群不仅需要关注产业集群的内生区域发展，而且需要关注全球价值链中作为跨国企业所承担的外部链接的知识传播作用，通过内外价值链的互补减少全球价值链内部的知识不对称，更好地形成产业集群的全球生产网络，促进产业集群升级与发展。

（3）差异性视角。从国内研究来看：首先，陶瓷产业发展研究主要关注点或案例分析集中于景德镇艺术和日用陶瓷与佛山建筑陶瓷，其关键词包括"景德镇"、"佛山陶瓷"、"日用陶瓷"。例如，王爱红（2015）以景德镇陶瓷典型产品洗脸盆为案例，运用产品设计系统理论深入分析景德镇陶瓷产品的设计现状、应用及所存在的问题；李松志（2007）从佛山禅城区陶瓷企业行为的微观角度出发，采取问卷调查与访谈相结合的方法分析陶瓷产业转移扩张的主要因素、行为模式与运行机理；左和平等（2011）运用改进熵值法对我国包含景德镇、佛山在内的 8 个日用陶瓷产业集群的绩效进行评价与探究。其次，陶瓷产业发展研究更加注重与文化创意产业的融合发展，进行保护性开发，推动陶瓷文化传承发展，其关键词包括"陶瓷文化产业"、"文化产业"、"创意产业"。例如，孙兰（2018）从保护非物质文化遗产的视角出发，以长沙窑陶瓷传统技艺为案例，探索传统工艺的创新与发展，实现长沙窑陶瓷文化产业的复兴与重塑，以全方位、多层次的陶瓷文化产业发展规划引领陶瓷文化的传承与发展；景德镇通过打造陶瓷文化创意产业基地、特色图书馆与历史文化博览园等多种措施,借助科技支撑与营销宣传,调整产业结构,推动陶瓷文化产业高质量发展(鲁伟,2012;季燕菊,2015)。最后,陶瓷产业发展研究较为注重陶瓷产业转型升级与产业转移等主题,这是由于产业革命使得国内外竞争加剧、贸易壁垒盛行及国内一些陶瓷产区固守传统、缺乏创新,研发能力较弱,产品附加值较低,其关键词包括"产业升级"、"产业转型升级"、"产业转移"。例如,刘娟与张乐柱(2014)以广东陶瓷业为例,在广东陶瓷产品出口受影响的条件下,探讨分析如何通过陶瓷产业升级以提高陶瓷产品附加值与加强自有品牌培育与营销,以提高产品国际竞争力,促进陶瓷产业可持续发展。

(4)国外的研究主题。首先,陶瓷产业发展研究的案例分析主要集中于意大利与西班牙的瓷砖产业集群,也有一些研究是以巴西陶瓷产业为基础的,其关键词包括"意大利的与西班牙的"(Italian and Spanish)、"西班牙"(Spanish)、"巴西"(Brazil)。例如,Silvente(2005)运用市场定价法与剩余需求弹性模型相结合的方式,衡量20世纪80年代末以来由意大利和西班牙厂商主导的瓷砖出口市场的竞争程度,研究发现意大利和西班牙的瓷砖出口商在1988~1998年享有巨大的市场支配力;Schwob(2009)等以巴西7000多家公司组成的红色陶瓷产业为案例,描绘了在工业陶瓷窑炉中使用本地薪材所导致的较高能源损失与森林砍伐及水土流失问题,探讨运用天然气替代薪材这一重大技术改造方案,在不影响天然气市场均衡的情况下,不仅可以生产附加值更高的产品,而且可以降低巴西较高的森林砍伐率,有助于陶瓷产业可持续发展。其次,陶瓷产业发展研究较为注重减少能源消耗、提高能源效率,追求技术创新驱动下的陶瓷产业可持续发展,其关键词包括"可持续"(Sustainability)、"能源效率"(Energy efficiency)。例如,Jeferson等(2018)以巴西瓷砖产业集群为案例,探讨巴西瓷砖生产商如何在瓷砖生产链中实施生态创新实践,走陶瓷产业可持续发展之路。最后,陶瓷产业发展研究较为重视中小企业的发展能力,无论是从产业集群方面还是从出口强度方面,其关键词包括"中小企业"（Small and medium-sized enterprise）。例如，Villar 等（2014）基于动态能力理论，以知识管理实践可以促进全球非高科技行业中小企业的出口强度为基础，运用结构方程模型对意大利与西班牙的 157 家瓷砖制造企业的出口强度进行定量研究。

（5）国内外研究热点对比。为了进一步探究国内外陶瓷产业发展主题的一致性与差异性，本书通过 LRR 算法，在关键词共现图谱分析基础上生成国内外陶瓷产业发展研究主题聚类图谱（见图 1.4 和图 1.5）。其中，国内陶瓷产业发展研究共有 9 个主要聚类，模块值 Modularity Q 值为 0.7961（>0.3），平均轮廓值 Mean Silhouette 值为 0.9189（>0.7）；国外陶瓷产业发展研究共有 8 个主要聚类，模块值 Modularity Q 值为 0.5935（>0.3），平均轮廓值 Mean Silhouette 值为 0.7015（>0.7），表明聚类结果结构显著，各聚类内部同质性较好，聚类令人信服。国内外陶瓷产业发展研究关键词聚类对比如表 1.5 所示。

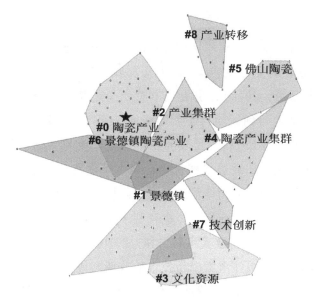

图 1.4　国内陶瓷产业发展研究关键词共现聚类图谱

对比图 1.4 和图 1.5 及表 1.5 可以发现，国内外陶瓷产业发展研究虽有一些相似的热点聚类，如陶瓷产业与创新。但就国内陶瓷产业发展研究

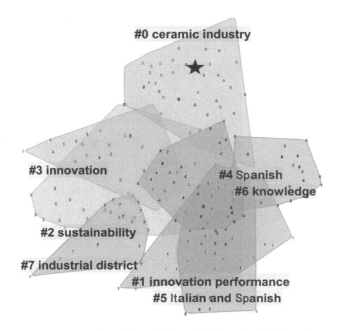

图 1.5 国外陶瓷产业发展研究关键词共现聚类图谱

来说，一是学者更偏向于运用层次分析法、组织生态理论与全球价值链理论分析产业集群的竞争力与转型升级发展（曾刚和文嫣，2005；刘善庆，2007；徐敏燕，2014），也更注重对产业集群演化历程、技术创新绩效、创新网络结构与创新能力发展的研究（李海东，2010；赵波，2011；徐敏燕和左和平，2013）；二是较为注重陶瓷产业与文化、旅游及商业的深度融合集聚发展，如通过搭建佛山南风古灶陶瓷工业遗址创意园景区、景德镇陶瓷文化科技产业园等形式，形成陶瓷文化产业集聚区，这不仅有利于陶瓷文化的保护传承与发扬，也有利于拉动地方陶瓷产业经济高质量发展（邓保生，2012；李秀斌和刘少和，2018）。对于国外陶瓷产业发展研究热点领域，一是更注重陶瓷新技术的改造与应用，提升产品系统的生产与生态效率，在绿色环保条件下促进陶瓷产业的可持续发展（Micheli et al.，2018）；二是较为重视知识管理与知识共享在工业园区的重要作用与动力支撑，陶瓷工业园区内持续不断的知识创新有助于提升工业园区内核心竞争力与陶瓷产业创新绩效（Dezi et al.，2019）。

表 1.5　国内外陶瓷产业发展研究关键词聚类对比（前 8）

聚类	国内	国外
#0	陶瓷产业	Ceramic industry
#1	景德镇	Innovation performance
#2	产业集群	Sustainability
#3	文化资源	Innovation
#4	陶瓷产业集群	Spanish
#5	佛山陶瓷	Italian and Spanish
#6	景德镇陶瓷产业	Knowledge
#7	技术创新	Industrial district

5. 研究文献演进趋势分析

运行 CiteSpace 软件，选取 Timezone View 生成时区图 1.6 与图 1.7 两种图谱，从时间维度分别对国内外陶瓷产业发展研究热点的演进趋势进行分析，以此预测未来陶瓷产业发展研究方向。

对比图 1.6 和图 1.7 可以看出，国内对于陶瓷产业集群特征、类型、影响与发展趋势的研究集中于 2004～2013 年，而自 2008 年，学者开始将目光投向陶瓷文化创意产业研究，研究成果也逐渐向中南地区陶瓷手工艺作坊（张玉山等，2021）、景德镇陶瓷创意文化产业体系（黄勇等，2008；2010）与佛山陶瓷工业旅游（江金波，2018）等众多陶瓷产业与文化创意产业融合发展方向聚焦。陶瓷与文化设计产业、创新教育的融合发展成为国内未来相关陶瓷产业发展研究的关注点。从国外的研究视角来说，瓷砖产业的创新发展贯穿研究始终，尽管国外陶瓷产业研究的方向主要集中于意大利与西班牙的瓷砖产业集群，不像国内研究的范围从建筑陶瓷、艺术陶瓷、日用陶瓷到卫生陶瓷全覆盖，巴西、日本与欧盟等的陶瓷产业研究也有所关注。自 2010 年开始，由技术创新驱动的陶瓷产业可持续发展成为学者关注的焦点，在资源节约、节能减排的前提下各种新兴陶瓷技术不断推广应用，助推陶瓷产业步入现代工业行列。2018 年，陶瓷产业专利的区域性创新保护开始受到关注，未来相关研究可以从陶瓷产业知识产权的保护与企业绩效及行业创新发展之间的关系层面展开。

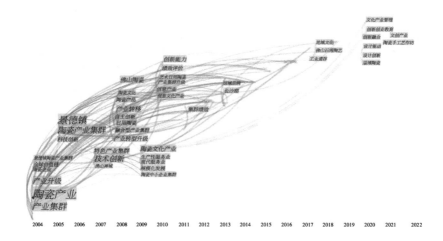

图 1.6　国内陶瓷产业发展研究关键词时区演化图谱

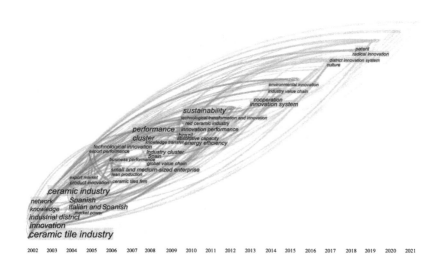

图 1.7　国外陶瓷产业发展研究关键词时区演化图谱

　　对比国内外陶瓷产业发展研究关键词共现、聚类与时区演化知识图谱，国内陶瓷产业发展研究还有很大的成长空间，通过借鉴国外陶瓷产业发展研究的主题与方法，应从六个方面全方位、多层次地深化国内陶瓷产业发展研究。

第一，在低碳经济背景下，节能减排与技术创新已经成为实现产业经济可持续发展的重要一环，国内陶瓷产业发展研究可以借鉴国外陶瓷产业可持续发展研究思路，探索陶瓷生产技术创新（如可以细化至日用陶瓷中陶瓷滤水器清洁技术）、智能化生产模式与国内陶瓷产业发展转型升级之间的关系（郭建晖，2005；张惠琴等，2011；梁祺和左和平，2012）。第二，国外陶瓷产业发展研究注重中小企业的发展能力，鉴于国内陶瓷产业集群间也存在中小企业的恶性竞争问题，如何使国内陶瓷产业集群中较缺乏技术创新能力的中小企业走出困境，陶瓷产业集群之间与内部的制度环境建设以及政府政策引导激励之间的关系也可以成为未来研究的关注点（郭建晖，2005；张良华等，2010；黄弘，2011）。第三，未来可以深化研究陶瓷产业与文化、旅游、创意设计产业之间的融合发展，如景德镇建设国家陶瓷文化保护传承创新基地、世界著名陶瓷文化旅游目的地、国际陶瓷文化交流合作交易中心等多种平台与举措，打造陶瓷产业融合发展新模式（宋充和程磊，2014；徐敏燕等，2017；孙晓岗，2020）。第四，国外陶瓷产业发展研究开始投向知识产权保护领域，鉴于国内陶瓷产业存在抄袭成风的问题，未来研究可以围绕陶瓷产业技术研发、产品设计保护与产业区域创新发展之间的关系展开（方志斌和李海东，2015）。第五，国内陶瓷产业发展研究多集中于陶瓷品牌众多的景德镇与佛山两地，打造品牌优势，未来可以探寻多学科交叉研究，探索品牌建设如何促进陶瓷产业高质量发展（谌飞龙等，2013）。第六，在新发展理念、新发展阶段与新发展格局的大背景下，未来研究可以探索陶瓷先进制造业（如陶瓷汽车材料、机械材料等新材料产业）与陶瓷现代服务业（如陶瓷产业电子商务）之间的深度融合发展（章立东和李奥，2021）。

（二）产业集群与区域经济耦合关系研究的相关文献回顾

1. 产业集群与区域经济耦合关系国外相关文献回顾

关于产业集群与区域经济耦合关系，国外较主流的观点是在创新体系论中提出的,其中具有典型代表性的有艾德洛特和梅拉特提出的创新环境论以及卡玛格尼的创新网络论,他们的理论在某一时期曾引起企业家的浓厚兴趣。真正掀起区域创新体系理论研究高潮的则是在波特明确提出产业集群概念之后,不同于企业视角下的创新方式,在产业集群模式下,区域内创新的实现更多地依靠产业集群内部不同主体相互交流、彼此协作所形成的良好互动体系。

梅拉特认为,创新体系包含两个层面:一是内部创新体系,重点是完善集群内部关系网,整合全部物质或非物质性资源,以在宏观层面上形成一个可控的整体,彼此关联可以降低企业面临的不确定性风险,减少信息不对称,为创新提供稳定的内部支持;二是外部创新体系,通过产业集群模式,可以增加企业对外交流的机会,实现多边学习,并且通过与外部企业的交流协作,不断了解市场动态,完善企业的外部联系网络,及时调整自身发展战略,倒逼技术创新和制度创新等。伦德沃尔从要素角度出发,分析创新体系的外延,认为企业在生产、发展过程中产生的知识、传播的知识、对知识的利用及对知识的整合等过程中包含的相互作用的生产要素及其内在联系都是创新体系,它是各个经济主体全部行为的总和,既是一种行为性概念,也是一种社会关系的代表。综上所述,不管是从空间结构上还是生产要素上分析,创新体系都对产业集群的发展创造了良好的发展前提,而产业集群模式则会反作用于创新体系,促使其往良性方向发展。

区域创新体系的研究始于国家创新体系概念的提出,著名的经济学家弗里曼、内尔逊、伦德沃尔提出这一概念并指出,经济增长是一个包含不同形式、不同要素相互作用的动态演进过程,创新及创新思维的国际传播是全球经济进步的根本动力,这种创新不仅包括技术的创新,而且包括经营理念的创新和组织架构的创新。内尔逊等在研究了多个国家的创新体系之后得出结论,不同的国家必然会形成独具特色的国家创新体系,这种创新体系是多样的,不具备既定的单一模式。弗里曼则更多从体系结构特性考虑,认为国家层级上的创新体系是公共部门和私人部门共同构成的关系网络的集合，因此要发挥好国家创新体系的作用、促进机制逐步健全，这必然要做好公共部门的机构设置，增强各部门自身及部门间的创新协调能力，更好地发挥本国创新体系的效率。21世纪的到来、产业的迅速发展和科技的不断进步为理论研究提供了充足的素材和物质基础，在国家创新体系研究的基础上，诸多学者提出了新的概念——区域创新体系。与以往的分散式研究不同，学者们以特定区域的技术、基建、组织架构、文化传统等内容为研究主体，系统地把技术集结地、技术创新型城市综合考虑，得出了较完整的研究框架，也提供了清晰的逻辑链条。针对发达国家外商投资情况，德沃特进行了案例研究，认为在经济全球化大背景下，产业集群模式日渐区域化。奥梅则从整体出发，认为经济主体间相互竞争又相互促进，所形成的经济活动固定或有规律的利益共同体就是区域，是区域控制着行业竞争优势的大小而不是上层建筑。比起研究西方传统的产业集群化明显的国家，如英国和意大利等，研究珠三角、新加坡等新兴产业集群型区域更具有意义，因为意大利区域差异偏大而英国主要是外部国际市场占据优势。强调区域创新体系这一概念的学者关注的不仅是产业集群模式本身，也包括产业集群形成的集群区域，他们注重的是知识的交流与沟通、区域合作氛围良好、坚持巩固以信为基的合作模式。

最早对区域创新体系进行科学分类的是库克，他以创新体系所控制的经济基础为依据，将其划分为基层型、互动型和自主型三种。基层型是指产业集群规模较小，通常是小城镇或小范围城区的资源流动，专业化分工不明显，以私人或小群体分散型融资为主，多数资本来源于债务性融资，成本高、规模小，其技术创新侧重市场急需的实用性技术，很少跨区域协作，地方保护色彩浓厚。互动型是指产业集群初具规模，内在联系较发达的创新体系。基于网络型创新体系的技术、知识、资本的转移涉及更多类型的机构，筹集资本的渠道多元化，除应用研究外，对于纯粹的理论探讨日渐兴起。由于集群内部网络发达，形成了各种分工明确的专业化组织机构，彼此协作紧密，对外交流频繁。自主型是指区域创新体系发展到自主创新的阶段，产业集群的发展要素及其对宏观经济的影响程度受到重视，区域内企业自主研发能力与自主研发意识都很强，技术创新和产业升级不仅仅源于外部驱动，更多是由内生需求推动的。

波特详细阐述了一个国家或企业竞争优势的全新理论。波特开始研究产业集群时就注重把集群竞争优势与区域竞争力联系起来，这一做法与各国产业政策制定者产生共鸣，使得产业集群竞争优势理论研究具有现实指导意义。波特率领 30 多人的团队历时 5 年，在对丹麦、意大利、韩国、瑞典、美国等 10 个发达国家和地区的产业集群状况调查的基础上完成《国家竞争优势》一书的写作，对基于产业集群的国家竞争优势进行广泛和深入的研究。

施米茨建立集体效率模型，在对集群的外部经济性和联合行动的竞争优势进行分析时得出，只有外部经济性是不充分的，还得有企业间、企业和机构之间的联合行动。联合行动的形式包括集群企业间的纵向和横向的合作以及企业集体的联合行动。集体效率只有在特定的条件下出现，集群的竞争优势只有在满足这些条件的情况下才能发挥出来。

库克指出集群创新系统由具有明确地理边界和行政区域的创新网络和机构构成，这些创新系统和机构以各种形式进行相互作用，从而提高内部企业的创新能力，这些是系统内各个组成部分（企业、商会、大学、研究机构、银行、政府）相互协同作用的结果。

费尔德曼的研究结果表明，集群过程存在知识的外部性和溢出效应，对地区的整体创新能力起到明显的促进作用。Abushaikha 等揭示了快速消费品的分销商往往倾向于物流服务提供商和快速消费品公司所在的集群，借助产业集群获得更高的效益。

费尔森施泰因以智利和苏格兰的养殖业集群方式为研究对象，认为社交网络相比于地理集聚具有更大的影响力，社交网络促进了企业间的营销行为，企业间的合作受到国家文化和区域经济文化的影响。Kiminami 等基于文本挖掘方法，通过分析集群中领先公司的年度安全报告，确定了公司间认知距离与创新创造之间的关系。

贝斯特从专业化生产角度入手，认为专业化生产企业间的信息共享、技术交流是企业集群发展的基本动力，高度专业化是集群竞争力和区域竞争优势的来源，同时产业集群可以吸引更多企业的进入或创建更多的新企业，从而扩大集群规模、维持集群生命力，在这个过程中，知识的溢出效应发挥着至关重要的作用。

佩鲁提出增长极概念，增长极是围绕一些主导工业部门而形成的有活力的高度联合的产业群，不仅能够以较快速度增长，而且可以通过乘数效应推动相关行业的增长。无论是从时间维度还是空间维度来看，不同地区、不同行业、不同部门的经济发展都是不均衡的，经济增速也快慢不一，居主导地位或拥有创新力优势的企业会引领本行业的发展进步，形成增长极，从而对该地区产生支配作用，不仅促进所在部门和地区的经济发展，而且可以带动其他部门和地区的发展。佩鲁认为，增长极的带动作用表现在四个方面：第一，先进技术的传播与扩散；第二，资本的集中与输出；第三，规模经济效应；第四，集聚经济效果。可以通过两种方式建立增长极：一是市场机制可以自动调节进而产生增长极；二是政府可以计划经济和重点投资项目建立增长极，当政府采取某些政策影响某行业发展时，可以通过乘数效应和关联效应，促进相关产业发展，从而带动整个地区的经济增长。

2. 产业集群与区域经济耦合关系国内相关文献回顾

吴勤堂（2004）不仅对产业集群与区域经济发展耦合做出了概念界定，还从经济增长、经济结构调整升级、区域内部资源优化配置、产业技术创新等角度分析了产业集群与区域经济发展耦合的具体机理。他认为产业集群与区域经济发展耦合是指产业集群与区域经济发展两个系统通过各自的耦合元素产生相互作用、彼此影响的现象；并结合本国经济运行的现状及未来发展动态提出了促进产业集群—区域经济发展耦合的实用性建议。

王琦（2008）认为世界经济发展到信息经济时代，分散和集聚是地区经济活动的主要特点。产业集群是无边界信息经济中的"平滑空间山的黏滞点"。产业集群与区域经济空间二者的耦合实质上就是在形成产业集群及后续升级演进过程中二者相互促进、相互作用的非线性关系的总和。产业集群与区域经济之间的耦合关联体现在两个方面：一是直接的耦合关联，随着企业不断聚集，区域内专业化分工体系日趋健全和集群规模的不断扩大，产业集群直接影响区域经济空间的发展；二是区域经济空间通过资源与区位的特征、结构与网络关系、政策与环境的改变对产业集群的形成与发展提供条件和载体，同时也对产业集群的演化过程产生约束。王晶欣（2019）通过构建区域创新服务系统耦合度模型，揭示科技服务业集聚与区域创新能力发展的耦合作用路径和作用机理。

王恰（2013）对产业集群与区域经济空间的耦合度进行研究，解释了产业集群与区域经济空间的耦合含义，并对发展产业集群与区域经济空间耦合提出一些建议，政府部门应该大力加强政策的引导性，给区域经济发展提供良好的条件；及时发现处于雏形中的产业集群，大力引导这些区域产业集群的发展，妥善解决企业发展过程中的融资难、融资渠道单一的问题。齐义军等（2019）利用功效函数、耦合度函数、耦合协调度函数，对呼包鄂城市群与产业集群耦合协调发展水平进行评价。

方法林（2013）建立齿轮模型对旅游产业与区域经济耦合协调度进行分析，剖析产业集群与区域经济的耦合协调状况，提出提升耦合协调的政策和建议。李欣燃（2010）通过分析产业集群的特征以及对区域经济的根植性，提出有效耦合元素，并从多角度分析产业集群与区域经济系统的耦合，促进两者的有机耦合不但可以加速产业集群的发展升级，还可以推动区域经济的发展，提升区域经济竞争力，发挥 1+1>2 的效应。华德亚等（2019）以长江经济带的空间布局切入，认为长江经济带战略性新兴产业与区域经济耦合协调程度总体偏低，东部省份的耦合协调水平高于中部和西部省份。

霍影（2012）通过构建战略性新兴产业集群与区域经济空间耦合系统及其耦合发展效率测度模型，定量测度我国战略新兴产业集群与区域经济空间耦合发展效率。张洪潮和赵丽洁（2013）认为产业集群与区域经济耦合效应不仅表现在两个子系统之间的耦合协调程度上，而且表现在耦合效率上，并构建耦合协调度模型与 DEA 模型对产业集群与区域经济耦合效应进行评价。杨建仁等（2017）运用因果关系图，分析了陶瓷产业集群—区域经济空间的耦合机理。

李凯和李世杰（2005）结合耦合思想，提出装备制造业集群耦合模型蕴含制造企业耦合、集群产业耦合和区域社会网络耦合三层耦合机制。集群耦合就是由制造企业耦合、产业间耦合和社会网络耦合叠加而成的复合结构，实现集群经济、社会功能的共增。并通过对装备制造业集群耦合度分析，总结了影响耦合度的主要因素有产品服务关联度、技术共享程度和知识流动规模。

李世杰和李凯（2010）研究指出，产业集群可以看作一个独立的经济系统，集群内部的企业类似系统内彼此独立的功能模块，至于集群关联的社会网络则类似经济系统内功能分解与相似功能再整合的模块化结构，模块化耦合是产业集群的组织结构本质。基于供应链与价值链关系，产业集群模块化耦合结构可以分解为生产、价值及知识三个模块。三个模块的耦合机理与外在表现形式皆不同，知识模块的耦合是其他耦合的基础，知识模块的耦合程度需要通过生产及价值来体现。同时，模块化耦合是一种允许浪费的价值创造系统，在资源有限约束条件下，需要研究产业集群的模块化成本、效率边界和治理机制。

赵子越和王怡（2014）认为，旅游产业集群与区域经济发展存在相互促进、相互带动的关系，在经济发展较好的区域才会不断发展出更多旅游产业，在旅游业不断发展的过程中又会带动当地的经济发展。

陈晓峰和邢建国（2013）提出，产业集群内部治理和外部治理在产业集群升级过程中内生出三个一般性耦合作用阶段，并以家纺产业为例，阐述集群内外耦合治理的动态演变及其对产业集群升级的重要性，应注重内外治理的动态耦合，多维度协同推进集群升级。

3. 产业集群与区域经济耦合关系国内外相关文献述评

国际上关于产业集群的理论成果较丰硕，涉及的角度较全面，具体包括四个方面：一是竞争力诱发了产业集群，结合产业集群的概念，国外学者对典型产业集群的演化路径进行了全面剖析，指出追求超额利润的企业组织为了获得竞争优势，倾向于不断地向特定区域靠拢。二是产业集群的壮大取决于集群内部协调合作效应的发挥。基于降低信息获取成本，促进生产技术更新换代，企业倾向于彼此协作，实现资源共享和信息互通。对于上层建筑而言，宏观调控的目的就是保障经济运行良好。因此，当产业集群对经济发展的促进作用得到实践证明时，政策制定者无论是充当合作关系的媒介还是竞争关系的催化剂，最终目的都是发挥产业政策的引导作用，促进产业结构调整，保障协作效应有效发挥。三是产业集群创新效应的发挥依托于良好的外部环境。创新是企业经济增长的原动力，也是产业集群模式最突出的优势之一，因此，有必要采取一系列措施激发创新活力，加快创新思维转化成世界财富的速度。例如，建立科研机构、培养创新人才、推出优惠的税收利率等政策，鼓励创新项目及大众创业以及设立示范平台，推广最新科研成果，帮助企业学以致用、研发新产品、拓展市场等，以期为集群发展创造良好的内外部环境，助力区域经济增长。四是集群模式具备自我强化、不断升级的特性。国外学者结合经济学领域常用的增长极理论，建立经济模型并深入分析后指出，经济增长是内外因素共同起作用的长期发展过程，由于产业集群在信息获取、社会网络及生产成本等多层面都具有其他发展模式所不具备的比较优势，因此集群模式可以在竞争中不断实现优化升级，带动区域发展。

国内对产业集群理论的相关研究已经进行了几十年，但是大量有针对性的深入探究则是在近 10 年才悄然出现的。整体而言，国内学者对产业集群的研究主要涉及原因分析、环境研究、集群规模和集群优势等层面，重点围绕产业集群形成过程、制约集群发展的内外因素展开了系统性探讨；研究方式从纯模型、纯理论分析转变成寓模型于实务案例之中、集数据分析与理论基础于一体；研究视角从纯粹地促进经济发展的角度变成了全面考虑与集群相关的各类参与者的需求，如政策制定者、中介机构、通信物流等相配套产业等。学者们的研究成果主要体现在：一是揭示了区域创新体系与竞争优势的内在关联；二是梳理了产业集群的历史变迁；三是丰富了区域经济发展理论，为政策的制定提供了参考素材。

综观国内外研究，整体而言，国外研究成果和进度远超过国内研究水平，但是仍存在研究理论化、缺乏实际案例佐证、理论推理不够严谨、缺乏系统性、研究方式较为单一、影响研究成果等问题。比较而言，国内学者研究不够全面透彻，一方面，多注重概念解释，缺少对集群内在特征的深层分析；另一方面，对集群作用的分析流于表面，没有深层挖掘集群模式在创新思维、技术升级、知识交换等层面重要作用。此外，对产业集群的研究多从微观角度分析其自身的各个方面，较少学者从宏观层面将产业集群与区域发展耦合关系作为研究的重心，探讨促进区域竞争力提升的根本举措。

基于以上种种，深入研究产业集群及其与区域经济耦合的本质既是实务工作者要解决的难题，也是政策制定者和理论工作必须把握的重心。

三、研究思路与研究方法

（一）研究思路

本书对产业集群、区域经济发展的相关理论进行系统整理，对产业集群的形成原因、基本特征展开详细阐述，分析产业集群与区域经济发展空间的耦合含义、耦合内容和耦合机理。基于以上理论分析，阐述产业集群与区域经济发展耦合对于区域经济发展竞争力的影响，并就此对我国主要陶瓷产区的产业集群进行识别和检验。同时，通过构建陶瓷产业集群与区域经济发展综合评价指标体系，对产业集群与区域经济发展进行评价和实证研究。在研究结果的基础上开展景德镇陶瓷产业集群与区域经济发展耦合案例分析，提出促进我国陶瓷产业发展以及区域经济发展的对策。

（二）研究方法

1. 理论分析与实证分析相结合的研究方法

对产业集群与区域经济发展耦合及相关性研究方面已经有诸多研究，包括层次分析法、熵值赋权法、均方差赋权法、数据包络分析等方法。但层次分析法存在缺乏对权值之间的关联性的判断可能导致评价结果出现不尽合理的现象；赋权法主观性较大，应用范围有限，仅适用于计算权重；数据包络分析要求的评价决策单元必须有足够的数量，且无法衡量产出为负的状况。方法都单纯地从经济现象本身出发，就集群论集群，缺乏系统的眼光及理论与实证结合的方法。产业集群的根植性使其与区域经济空间有着密不可分的关系，它们彼此间的相互影响与相互作用形成了具有耦合特性的复杂适应系统，因此有必要构建起一个完整的、系统的陶瓷产业集群与区域经济空间耦合性分析的理论与实证模型。基于此，本书对产业集群的概念、产业集群形成机理等内容进行规范的理论分析研究，并界定其含义。另外，实证分析是分析某一研究对象的内在规律，并根据这些规律，分析和预测经济行为的效果，解决的是"是什么和不是什么"的事实判断，根据过去和现在的既定状态，分析变量之间的关系并找出规律。因此，本书从陶瓷产业集群与区域经济发展的时间序列数据展开实证分析，根据研究结果提出针对性的政策建议。

2. 定性分析与定量分析相结合的分析方法

定性分析方法是按照相关理论，对研究对象的过去和现在的状况进行总结，凭借分析者的经验直觉，对研究对象的性质、特点和规律做出评价。本书采用这种方法归纳总结陶瓷产业集群的历史发展过程，并提出我国陶瓷产业存在的问题。定量分析方法则是根据数据利用数学或统计方法分析对象的各项指标的方法。本书构建了耦合评价指标体系，对陶瓷产业集群与区域经济发展的互动关系进行了定量分析。

四、主要研究内容

本书共八章：

第一章为绪论部分。介绍选题背景、选题意义、文献回顾、研究内容与方法。重点在于提出选题背景、选题意义以及国内外相关研究的文献回顾。

第二章为陶瓷产业集群与区域经济发展耦合涉及的主要概念界定和理论基础。先对产业集群、产业集群的特点，区域经济发展空间概念及结构演进等进行了系统梳理，然后介绍了引领本书模型构建与具体进行分析的理论基础。

第三章分析了产业集群与区域经济发展耦合机制。对产业集群与区域经济发展耦合的含义及其形成进行了探讨，研究了产业集群与区域经济发展的耦合机制以及产业集群与区域经济发展耦合机制的相互作用，分析了陶瓷产业集群与区域经济发展耦合的内容与动力。

第四章对陶瓷产业集群及其区域空间进行识别。一方面，对我国陶瓷产业进行概述，分析我国陶瓷产业集群发展的相关情况；另一方面，对国内陶瓷产业的地区分布和主要陶瓷产地的大致情况进行概括。在此基础上，结合经济数据列示了典型的陶瓷产业集群，从宏观层面探究了我国陶瓷产业集群的具体演进，为后续实证识别的定性分析和指标体系的定量评价以及耦合模型的具体解读提供了分析素材和研究基础。同时，开展陶瓷产业集群的识别，给出产业集群识别标准，并基于区位商理论分析了我国陶瓷产业集群的现象。

第五章开展我国陶瓷产业集群与区域经济高质量发展综合评价。构建了以陶瓷为基础产业的产业集群与区域经济发展水平的评价指标体系，包括陶瓷产业集群的综合评价指标（代表陶瓷产业集群发展水平）以及区域经济发展指标（代表区域经济发展综合发展水平），为后续耦合关系评价做铺垫。

第六章是陶瓷产业集群与区域经济高质量发展耦合实证分析。以国内主要陶瓷产区为样本，实证研究了陶瓷产业集群与区域经济发展的空间耦合、协调能力及其内在机制。区域经济发展由动力升级指数、生态和谐指数、社会进步指数和经济基本盘指数四个维度指标构成，兼顾发展的质性要求和量性要求。此外，根据陶瓷产业特性，关注制造业企业融资、产品运输和销售以及空气污染等关键问题。同时，通过剖解陶瓷产业集群与区域经济发展价值维度并构建评价指标体系，研究陶瓷产业集群与区域经济发展的耦合关系及其内在机制，发现只有少数陶瓷产区实现产业集群与区域经济发展良性耦合和协调共进，而多数陶瓷产区面临发展阻滞、短板凸显问题，其根本原因是陶瓷产业集群与区域经济发展各子系统存在欠耦合。

第七章以景德镇为代表的陶瓷产业集群与区域经济高质量发展耦合案例分析。主要分析了景德镇陶瓷产业集聚水平，探讨了景德镇区域经济发展的基本情况，开展了景德镇陶瓷产业集聚和区域经济发展的相关性分析，重点研究了景德镇陶瓷产业集群与区域经济发展的耦合以及时间预测。

第八章结论与政策建议。提出促进陶瓷产业集群与区域经济发展的政策和建议。

五、主要创新点

重新对产业集群与区域经济发展耦合的内涵进行了界定与分析，提出了概念的本质，即在产业集群生产及演进的历史进程中，产业集群与区域经济发展的空间彼此促进，相互渗透的现象。并分析了产业集群与区域经济发展空间的耦合机理，表现在两个方面：一是产业集群可以推动产业转型，调整产业结构及布局，为技术创新和配套产业的升级优化创造了良好的条件，最终促进区域经济发展空间结构的完整，助力经济增长；二是区域经济发展空间通过基础设施、生产要素和资本为产业集群提供支撑。

基于现有区位商理论，首次计算了我国主要陶瓷生产地区的 Location Quotient 系数，对我国陶瓷产业的产业集群进行了识别，分析了陶瓷产区发展状况。

在已有耦合评价基础上，构建了陶瓷产业集群与区域经济发展的耦合评价指标体系，包括陶瓷产业集群的综合评价指标（代表陶瓷产业集群发展水平）以及区域经济发展空间指标（代表区域经济发展空间综合发展水平）。

以国内主要陶瓷产区为样本，实证研究了陶瓷产业集群与区域经济发展的耦合、协调能力及其内在机制。区域经济发展由动力升级指数、生态和谐指数、社会进步指数和经济基本盘指数四个维度指标构成，兼顾发展的质性和量性要求。此外，根据陶瓷产业特性，关注制造业企业融资、产品运输和销售以及空气污染等关键问题。

以景德镇为例，分析了景德镇陶瓷产业集群与区域经济发展低耦合的根本原因并提出相应地对策和建议。

第二章
概念界定与理论基础

从分工协作、经济效应、交易成本、组织架构、产业竞争等方面切入，众多国内外学者对产业集群这一经济现象做出了研究，为了进一步对产业集群与区域经济发展耦合提供理论支撑和研究思路，本章进行了概念界定和理论基础的阐述，并对本书要用到的主要理论进行了介绍。

近年来，学术界从产业集群的各个角度对产业集群展开研究，成果日益丰富，但由于研究的复杂性和研究角度的不同，学者对于产业集群的概念至今还没有一般意义上的完整回答，这一状况造成难以继续对产业集群模式做出更透彻的剖析。除理论研究难以深入外，概念的模糊严重影响其成因分析，这不利于宏观政策的及时调整，阻碍了产业链优化升级的进度和区域经济的健康发展。

一、产业集群相关概念

（一）产业集群的概念

最早对产业集群的研究可以追溯到意大利中部及东北部工业区的个别

省份的操作经验，为了找到意大利的这些工业区内集群模式的成功经验，学者 Becattini 利用经济学家 Alfred Marshall（2004）的代表性文章《经济学原理》中的产业区概念，对意大利集群区域里的企业特征进行了总结，他将这种以手工业为主的产业区称为新产业区。

对产业集群的概念做出更科学界定的是美国学者 Michael E. Porter，他指出，产业集群是指大量相关联企业及外部其他组织机构在地理位置上相互靠近，在经济活动中相互竞争、彼此协作的现象。在这一特定区域里，通常存在一个居主导地位的核心产业，围绕该产业相关联企业持续聚集，相互作用形成溢出效应。随后，Porter（1998）在其专著《国家竞争优势》中提到，产业集群不应仅仅局限在地方层面，应该从国际竞争的角度看待产业集群这一现象。通过对英、美、德、意等西方发达国家产业链及产业群进行剖析，Porter（1990）归纳出产业集群模式的成功优势。利用 Porter（1990）的研究成果，许多地区致力于产业竞争优势的建立，以推动本地产业布局优化，合理配置资源，并取得了长足发展。

除引起许多国家的研究兴趣外，产业集群战略的探讨也一直受到包括世界银行、联合国在内的国际组织的高度重视。这些组织调研了主要成员国的集群发展现状，将产业集群概括如下：受专业化分工和标准化生产的影响，产品差异日渐扩大，由此带来一系列内外变化，如技术进步、组织结构重组、社会网络日益复杂，出于市场竞争成本的考虑，企业不断聚拢，共享设施和信息等资源，最终形成以某种优势产业为主导，配套企业共同发展的集群发展模式。

随着产业扩张和时代变迁，原有的产业集群概念已经难以为实务操作者和理论研究者所接受。在此背景下，Porter（1990）对自己的定义作了改进，增加了对产业集群本质属性的概括及正面效应的具体解释。他指出，客户的需求、专业化的投入、配套产业的发展和积极的宏观政策推动是决定一个区域乃至一个国家竞争实力的根本前提。产业集群模式拥有良好的市场嗅觉和宽松的创新氛围，二者将会极大地降低信息不对称程度，从扩大生产和带动创新两个角度发挥集群战略对区域竞争的正面作用。

作为一种世界性经济现象，产业集群是区域经济发展进步的原动力、技术池及创新源，它不是一个单纯的经济现象，产业集群还涉及地理学层面的经济聚集、社会学领域的社会关系网以及战略管理学角度的企业战略制定和模式选择等（王步芳，2004）。

概念上的模糊不仅会削弱人们对产业集群这一经济现象的研究兴趣，更会误导人们的研究方向，不利于产业政策的制定和调整，阻碍了区域经济发展前进的步伐。因此，在全面梳理前人给出的对产业集群的主要定义后，必须找出共性，把握经济发展和集群演进的本质关联，以给出本书的定义。

第一，产业集群的本质。产业集群本质是复合型有机网络组织，它既不是纯粹的企业，也不是完全的市场，产业集群更像是模块化的企业组织，它既有生态系统的内部链条性，又有社会层面的内在协作性，还有经济主体的逐利性和市场层面的竞争性。至于网络组织则是指产业集群类似网络空间，存在着有形层面的关联，也含有无形层面的关联，它依赖集群企业共同的区域空间，依靠分工与协作形成完整的产业链，同时保持了各企业模块的独立性，确保了集群系统的稳定性。

第二，产业集群形成机制。前面已经说明，产业集群的形成有其偶然性也有其必然性，绝不是某一个或几个要素可以决定其形成的。但是，追本溯源，产业集群的形成是各相关机构共同的选择，无论是自愿地还是被动地走向产业集群，实际上都是因为企业具备通利性。从经济理性的角度来讲，企业的形成本身就是为了集中更多的资源获取超额收益。从社会利益来看，各主体彼此间相互交流，彼此信任，共享资源和信息，形成稳定和谐的社会文化环境，各主体都能从中受益。因此，无论是经济利益还是社会效应，产业集群的形成本质上是利益驱动的。

第三，产业集群具有关联性。在产业集群内，构成主体之间相互关联，表现在地域关联、结构关联和功能关联方面。其中，地域关联指由于某区位具有适合组织共生的要素资源，从而引起主体在特定空间上的地理集聚；结构关联指产业链上游供应商、中间制造商及下游销售商和消费者，还有资本、技术和信息需求引致的横向关系；功能关联指集群内具有创新条件，即集群主体间进行新知识和新技术的生产、扩散和利用，降低了信息的获取成本，畅通了信息等资源的扩散渠道，推动了知识交流与技术转移，有助于本区域推陈出新。

第四，产业集群是过程与状态的统一。上述产业集群的概念总体上考虑了集群过程中的条件，并且揭示产业主体间的相互联系和状态特征，赋予集群主体彼此间的关联属性和特定区位的属性特征，体现出过程与状态的统一。

综上所述，无论研究视角如何不同，学者对产业集群的本质把握大体上是一致的。本书结合案例调研的经验，将产业集群定义为产业集群是一种现象，也是一种行为。从静态来看，产业集群是指特定区域内某一主导产业及配套产业和公共机构相互靠近，形成了相互协作、分工明确、竞争有序的产业群落的现象。从动态来看，产业集群是指出于降低成本和提升产品竞争力考虑，相关联的企业主动在地理上聚集的经济行为。本书所研究的产业集群，既包括对动态演进过程的分析，也包括对静态效应发挥的研究。

（二）产业集群与相近概念的辨析

随着研究的深入，产业集群的理论和实证研究不断丰富，在此背景下，出现了一些错用、滥用产业集群概念和相关理论的情况：①将产业集群理解为特定区域内主导产业或优势产业等一类产业的发展；②将产业集群理解为产业在地理位置上数量的集聚；③将产业集群不恰当地应用于企业集团内部及城市规划等方面的论述上。所以有必要对产业集群与相关概念进行辨析。

1. 产业集群与产业集聚

从地理学角度来看，事物在空间维度上相互聚拢的过程即为集聚。而产业集聚则是指某一特定产业及其相关联的企业和其他组织相互靠近，形成了地理空间的群落。它强调的是产业从分散到集中的动态演进。

产业集群是比产业集聚更深层的概念，它不仅指地理空间上的集聚，产业集群侧重把握地理靠近现象的本质动因，在特定区域内依靠自身力量发展壮大，企业呈现其区域特性。产业集群内的企业或相关组织必须处在特定的产业链或价值链中，它们之间存在横向或纵向关系，构成一个有机网络系统。产业集聚概念却没有提到这一点，它缺乏产业彼此之间的联系，而这种有形或无形的联系会推动创新，促进产业的发展。无论是就企业还是产业而言，要扩大市场份额，保有竞争优势，必然离不开创新的驱动，在此基础上才有条件发展出成熟的产业集群。可见，产业集聚未必可以发展成产业集群，而产业集群一定符合产业集聚的条件，是其子集。

2. 产业集群与企业集群

企业集群在国内最有影响力的概念是由仇保兴（1999，1999）提出的。仇保兴作为我国研究企业集群的著名经济学家，他在《小企业集群研究》一书中对小企业集群从历史与现实、理论和实践的视角分析其形成过程、制约因素及其创新意义和深化趋势。从专业化分工角度分析了企业集群的形成机制；从产权、市场结构、产品和要素市场以及人文环境角度分析了小企业集群形成发展过程中的制约因素，同时分析了小企业集群与我国产业结构调整和技术创新的关系，并有针对性地提出，我国地方政府应建立五大支撑体系才能有效地扶植小企业集群的成长。

通过比较产业集群和企业集群的相关研究可以发现，两者还是具有显著区别的。产业集群往往看重产业之间的联系，地理位置的界定通常是通过产业关系的需要，有时甚至是跨国界的。以汽车产业为例，Porter（1990）对加拿大和美国的集群状况进行了分析，指出仅企业间的产业关系是不足以支撑企业集群的全部内涵的，真正的企业集群是由相互竞争、彼此协作的企业群组成的，强调的是企业间的竞争合作关系，对企业地理空间的集聚提出严格限制。

尽管企业集群与产业集群都以产业间的内在关联作为判定是否形成集群的重要标准，但是一般而言，企业集群内部的产业链较短，价值分工不明确，而产业集群强调产业之间的联系，这种联系在产业链上表现得较长，企业集群的产业跨度较短。

除产业链的差异外，二者在主体成分上也明显不同，产业集群不仅指企业组织集聚，在一个产业集群里，还有大学、科研机构、中介机构、审计机构等非企业组织，一些比较成熟的产业集群甚至包括工商、税务等公共部门。企业集群则多由单一的企业组织构成，能产生规模效应，但未必是专业化分工带来的其他经济效应。从数量的角度来看，产业集群的企业数和规模未必优于企业集群，因为某一产业链的企业即使不多，只要能够发挥专业化分工协作的优势，具备完整的产业链条和物质基础，也依然可以形成产业集群，而企业集群的前提是量的积累。综上所述，可以认为企业集群与产业集群是两个交叉不多的概念，二者的研究维度有着本质区别。

3. 产业集群与产业链

从产业集群和产业链的业务流程来看，二者都具有较明显的网络特性。就产业集群而言，它的内部存在生产、市场、技术等方面的联系，同时也存在信任和声誉的竞争合作关系，产业集群具有经济、社会和自我学习的属性。产业链的主体主要是企业，这些企业存在于相同或不同的产业链上，企业之间基于一定技术形态形成链式网络结构。产业链主体强调产业关联性，不强调企业的地理位置，可以很分散，也可以集中。

产业集群主体在特定区域内共享技术、信息和基础设施，通过专业化分工形成经济外部性，获得规模经济或范围经济；对于产业链而言，资源要素经过产业链的不同环节，增加附加值。从产业集群主题活动的性质看，产业集群的网络类型可以分为生产网络和社会网络，这些内在关系网随集群内的各主体的技术转移、资本积累以及市场竞争等活动不断加固，保证了产业竞争优势的实现。产业链根据价值链形成投入产出结构，是相互依存地构成一个系统，围绕某一最终产品形成生产网络，并不强调社会网络。

从产业链的形成过程和发展轨迹来看，产业链的规模扩大是建立在区域产业密集分布基础上的。随着区域经济发展的进步，同行业的不同企业和不同行业的不同企业出于对经济利益的追求，通常会对企业自身的产业链重新调整，这就会形成具有较完整产业的一体化集团企业或者相互协作的企业群，当这些区域内的企业群围绕产业链不断深化分工、加强协作，形成功能齐全、产业链完整、联系紧密的产业区时，可以认为形成了基于产业链的产业集群。就纯产业链而言，尚未形成产业集群的产业链基本上都具有辐射范围小、分散分布且对其他外部企业依赖性较强的特点。而产业集群是集中分布、相互连接的高级产业链，这为信息的便捷获取、资本的迅速积累、成本的大幅降低创造了充分的条件。换言之，只有当产业链发展到较成熟的状态时，才有可能形成产业集群，促进生产进步。

4. 产业集群与工业园区

较之产业集群，工业园区的概念更宽泛。它是指地方政府为了促进本地经济发展，利用政策性优惠和资金性扶持等方式吸引企业聚集在特定区域内，集体入驻、统筹资源而形成的一种产业组织形式。有些产业集群是通过工业园区发展而来的，有些工业园区是在产业集群基础上形成的，在这种情况下，无论是理论研究者还是实务工作者都很难准确区分产业集群和工业园区。值得注意的是，虽然产业集群和工业园区可以相互演化，但是，工业园区概念里的地理位置趋近并不等同于产业集群概念所指的集聚现象。产业集群是企业为追求经济效应不断深化专业分工，改进生产技术，自发聚集而形成。工业园区是政府产业政策的一种，政府部门通过加大资本投入，完善基础设施建设以吸引企业入驻、拉动经济发展、增加就业机会。因此，工业园区不同于内生发展的产业集群，它依靠外力作用形成，这会使得工业园区很多企业缺乏竞争机制，即使它们享受了来自地理集中带来的规模经济，但由于缺乏信任，难以获得创新动力。

工业园区一度为国际社会普遍推广，这是因为：第一，几十年来，跨国公司如雨后春笋般大量涌现，加上交通运输业的飞速发展和城镇化建设步伐的不断加快，跨区域合作得以实现。这为企业生产转移和技术扩散创造了良好的外部环境，最终促进了大量工业园区的形成。第二，宏观政策的推动。以我国的发展经验为例，可以看到改革开放以来，我国政府出台了一系列优惠的产业政策，设立了多个经济特区，在很长的一段时期内，凭借政策性优惠，使这些产业园区在吸引资本投入、扩大生产总值、带动就业、改善基础设施状况等方面发挥了重要作用。然而，新时期产业更新换代的节奏不断加快，宏观政策的优惠力度日渐减小，工业园区的发展进入了转型期，仅强调基础设施建设和生产规模壮大的发展理念已经难以满足新时期的需求。应当抓住工业园区向产业集群演变的契机，注重建立起园区内企业间的内在联系，转变管理方式，充分发挥市场的调节作用，放管结合，推动内生式增长。

（三）产业集群的成因分析

产业集群本身就是复杂的概念，涉及众多行业组织机构。因此，其成因自然也多种多样。结合国外发展的实践经验及调研所得，对产业集群的形成起主要作用的因素有地域条件、文化环境、产业链、技术实力、专业市场、政府、生产要素七个。

（1）良好的地域条件。主要体现在交通发达、资源丰富及内需旺盛三个方面。俗语有云："要想富，先修路。"可见，基础交通条件的完善对经济发展是不可或缺的。同理，产业集群的成长与地理条件密不可分，如广东和福建等沿海省份产业集群的形成就得益于优越的地理位置。丰富的自然资源是地理优势的一个方面，如千年瓷都景德镇就是凭借特有的高岭土才形成了陶瓷产业集群。旺盛的内需是地域的重要体现，如郁金香王国荷兰之所以形成独特的花卉产业集群，就是因为当地居民热爱花卉并且品位较高，刺激了供给者不断培育新技术，研发新品种，最终取得了国际花卉市场上的领先地位。优良的地域条件可以为产业集群创造良好的基础环境并提供资源和市场。

（2）包容的文化环境。一个产业集群的形成除了物质条件的满足还离不开文化环境的晕染。文化环境对产业集群的影响主要体现在技术传承和创新思维两个方面。技术上的传承是很多传统产业集群形成的先决条件，如江西赣州地区的家具城南康。自古南康一带就培养了大批能工巧匠，通过时代传承，打造家具的技术已经日益精湛，为南康经济发展做出了重要贡献。创新思维的产生离不开包容的文化环境。以深圳高新技术产业集群为例，作为典型的移民城市，深圳的文化环境十分包容，优厚的人才引进政策和开放包容的产业发展理念吸引了大批高级知识分子的迁入和大量技术骨干的定居，促进了知识传播和思维碰撞，为技术进步和产业发展提供了智力支持。包容的文化环境确保了技艺的传承，同时也激发了内部的创新思维，助力产业升级与区域实力提升。

（3）完整的产业链。就产业集群而言，完整的产业链是内部功能划分及企业彼此协作的根本前提。一方面，只有产业链较完整，内部企业才能够逐渐地寻找到经济增长点和市场定位，结合自身特征，专注于产业链中的一环或几环，而不需要自行构建上、下游联系，产业集群可以吸引上游供应商和下游分销商的入驻。另一方面，完整的产业链可以增加产品的内在价值，促进集中型价值创造体系的形成，而较长的产业链确保了产品不同生产工序的可分离性，才可以使企业专注于不同生产环节，分工协作，深化企业间的内在联系，保证产业集群的稳定性。

（4）扎实的技术实力。无论何种产业集群，技术都是核心竞争力，技术实力从内部技术更新和外部技术引进两个层面作用于产业集群。一方面，小企业向上游企业寻求技术支持以不断提升自身技术水平并承担较低技术含量的半成品的制造工作，这就为大企业集中力量研发核心技术创造了基础。另一方面，企业的聚集壮大了群体的整体实力，为人才引进和技术购买提供了充足的资本。技术实力帮助产业集群更快成型，而产业集群通过整合资源、结构优化等方式提升本群技术水平。

（5）专业市场。产业集群是特定环境背景下企业受利益驱动做出的选择。作为约束条件的市场变动会影响企业的选择与发展，进而作用于产业集群的形成与发展。市场主要通过三个方面对产业集群产生作用：一是市场容量。市场容量是供求均衡时产品的数量，其容量大小决定了企业的规模和数量，产品的市场需求量是产业集群发展的前提和基础。二是市场规模。通常情况下，特定区域市场的规模越大，竞争秩序就越好，市场辐射区域就越广，形成知名品牌，吸引全国乃至世界的经销商和消费者，使得市场需求量扩大，促进产业集群发展壮大。三是交易市场与集群区域的距离。交易市场与集群区域的距离越近，产品运输费用就越低，降低企业成本，提升盈利空间，推动产业集群形成。

专业市场是产业集群演化的外在驱动力，集群演化离不开知识的积累，而这些协同机制的运作离不开专业市场的驱动。在专业市场和产业集群相互作用的发展过程中，其中任何要素的改变及任何环境的调整都会引起其他要素和环境的适应性调整。

（6）政府。产业集群的形成是复杂的系统过程，是由社会、经济、文化等众多因素共同作用的结果。就政府主导型产业集群而言，如何平衡各行为主体的利益、如何准确划分各企业组织的作用范围取决于政府政策的扶持对象与优惠力度。就政府而言，促进产业集群健康运行是双赢甚至多赢之举，并且符合政府自身利益需求。政府是相对独立的行为主体，具有自己的经济利益追求。由于某些区域的市场经济不发达，市场机制无法充分发挥作用，所以，有必要进行政府干预，通过主动干预促进产业健康有序发展。

政府主导型产业集群应该按照推动性产业—集聚—经济增长的方式进行，依托当地的资源要素和产业基础，借助政策引导投资，吸引有能力的企业在特定区域集聚，发挥规模效应和经济优势，以点带面促进相关产业的发展，形成整个横向和纵向的产业链，从而形成产业集群。政府通过引导性政策，包括税收减免、投资补贴等，促进产业集群的形成。

另外，政府可以创造公平、诚信的市场环境，切实保障企业间的有效合作，降低交易成本，有助于企业在特定区域的集聚。政府的强制执行力和再分配职能可建立并维护产权制度体系，实行市场监管职能。政府是企业发展过程中的软环境，一个合格的政府可以制定适宜的产业政策，创造优美、和谐的创业环境，推动产业集群健康快速发展。政府还需要为产业集群的发展提供良好的交通运输等基础设施，并完善配套生产生活设施，树立品牌形象，促进品牌推广，为企业发展提高便利。

（7）生产要素。古典经济学家 Jean Baptiste Say（1967）提出生产三要素理论，指出土地、资本和劳动促进第一次产业革命的形成，知识作为生产要素进入生产过程后产生第二次产业革命和第三次产业革命。生产要素促进人类历史的产业革命的出现是经济发展的决定性要素，更是促进产业发展的关键力量。

在农业经济时代和工业化时代，由于交通运输成本与相关交易成本因素，企业选择区位时首先要考虑资源要素的供应是否便利。由于资源具有稀缺性并且总量既定，企业会自发地向资源丰富的区域靠拢，以获取原料供应或生产力等方面的好处。可见，生产要素的丰富是传统型产业集群生成的首要因素。

用于某一产业的生产要素与地理空间的结合是产业集群的雏形。区域内的生产要素在集群形成过程中相互关联，形成网络组织。某些区域的生产要素优势是形成产业集群、发展区域经济发展的直接动力。

生产要素通过地理空间的集中，天然获得空间非自由流动的使用权和控制权，对人类经济活动具有根本性的影响，丰富的自然资源可以为产业提供比较成本，促进区域产业的发展。特定的生产要素是经济活动运行的前提，一旦缺乏特定的自然环境，产业升级就会停滞，集群的形成也就无从谈起。空间上可以自由流动的要素选择了适宜的生产区位和产业，与特定的空间和技术相结合，达到效益最大化。离开特定的空间环境，要素的经济效率就会降低。自由流动的要素在空间上产生集聚，形成产业集群萌芽。

二、区域经济发展相关概念

（一）区域经济发展的空间分类

在不同的区域内，影响经济发展的资源禀赋和要素结构不尽相同，使得经济发展结构、区域经济发展空间的产业模式不同。受地方政府行政效率及自然环境等因素的影响，依托极具地域特色的本地产业发展的区域经济发展空间也会因地域各异而各具特色，因此，无论是区域发展模式还是发展前景，就算在同种经济体制内也存在着不同程度的区别。

与产业集群一样，区域经济发展空间也可以按不同的标准进行分类。常见的区域经济发展空间的分类方式有两种：一是按生产要素投入程度将其分为劳动密集型、资源密集型、资本密集型等；二是根据区域空间的内在结构划分为加工制造型、资源型以及综合型三大类。当然，区域经济发展空间在地域、政策等多方面因素影响下呈现极其复杂的特点，每个区域都可能在发挥某个核心作用的同时具有双重或多重作用，这时，很难简单地用上述几种类型全面概括全部的区域经济发展空间，可能会出现新兴产业型、商品服务一体型等同时具有多种功能的区域。因此，笼统的分类已经难以适应现行的发展。下面将常见的区域经济发展空间简单地列示如下：

1. 传统农业为主型

传统农业为主型的区域经济发展空间在中华人民共和国成立初期曾长期存在，目前已经完成了现代化转型。过去，这一类以传统农业和能源工业等为主导的区域经济发展空间以中心地带的自然资源开采为主，生产初级产品或中间产品，内部供应则集中于高新技术产品、基础设施等。纵向上产业结构单一，长期围绕第一产业发展，基础交通条件较差，区域内联系不够紧密，缺乏系统性发展规划，使区域实力欠缺。

2. 加工制造型

加工制造型的区域经济发展空间是指，在某一特定区域内，由于当地交通便利，对外开放程度较深，内外商贸较频繁，加上本区先天具备资源的优势及第一、第二产业的发展，促进了本区域城市化进程和基础设施的完善，使得加工制造中心纷纷涌现，形成了以加工制作产业为依托的区域经济发展结构。

加工制造业发达的区域往往依托优越的人文社会环境，利用丰富的自然资源或廉价生产要素或国家政府优惠政策进行加工制造、深加工等，对外输出工业制成品，对内输入原材料产品。

对较典型的加工制造业发达的区域发展历程和特色经验进行梳理，可以看到加工制造型的区域经济发展空间通常有几点共性：一是劳动力充足且成本较低，为大规模加工制造提供了劳动力资源；二是发展氛围良好，信息获取便捷，加工制造型企业由于产品附加值不高，区域内部竞争较小，因此企业间沟通较顺畅，集体向外发展的倾向较明显，区域氛围较和谐；三是产业基础扎实，技术实力较强，一般加工制造型区域密布大量工业区，产业发展历史悠久，有良好的前期发展基础做支撑，整体技术软实力较高，为加工制造提供了物质和技术支持。

3. 重工业型

重工业型区域经济发展空间通常以丰富的自然资源或充足的原料供应为发展依托。许多产值极高的重工业基地都是建立在拥有大量的自然资源的区域，如稀土、钨矿等，企业围绕资源开发制造建立起完善的工业体系，确保区域交通发达，运输较为便利。

自然资源既是联系这类经济空间内各大产业的天然纽带，也是各中介组织建立联系的媒介，可以判断，区域经济发展空间的发展与资源的供给量直接相关。由于某些资源的不可再生性，资源短缺是制约此类经济可持续发展的重要方面。市场消费需求、技术创新、人才引进等方面也会影响区域经济的发展。此类区域经济发展空间的交通运输系统、电网通信系统发达，重工业居主要地位。

4. 商务服务型

商务服务型区域经济发展空间对于生产力和经济实力有着较高的要求，同时对国际市场的依赖性极强，必须以跨国企业大集团为支撑，以先进的制造水平为基础。商务服务区主要以现代服务业与发达工业为主，对外输出高科技产品、服务产品，向内输入工农制成品。商务服务型区域是数字型区域，经济活动出现集团化、跨国化形式，具有复杂的产品结构。

（二）区域经济发展空间结构

在经济全球化和信息化时代，政府决策层的重视和新兴城市的涌现使得地区间的竞争愈演愈烈（崔功豪和武进，1990）。许多区域试图单纯增加资本存量来提升竞争力，但是单纯的资本总量增加只会在一定程度上发挥对经济的驱动作用，一旦资本存量超过合理的界限，那么根据边际效应递减原理，此时资本投入的追加只会造成更多的资源浪费。因此，必须从提高管理水平、激发知识创新潜力等角度切入构建区域内科学的分工协作机制，结合本地实际发展状况，因地制宜，着力打造本土特色产业，通过互利合作共享区域内资源信息，大力推进内部技术转移和产业调整，不断完善本区域经济增长结构，实现产业转型。

对于区域经济发展空间结构的概念，国内外学者从不同角度做出了解释，大部分学者均赞同区域经济发展空间结构是一种特定区域范围内的内部组织形式，反映的是区域内不同经济主体之间的复杂关系的总和（曾菊新，1996）。换句话说，可以认为区域经济发展空间结构从表面来看，反映的是区域内各经济主体的外在分布情况和组织关系，而本质上，区域经济发展空间结构强调的是内部各组成要素相互作用、共同协作同时又彼此制约的关系。区域经济发展空间结构是一个长期积累、不断演进的事物，会随着经济发展水平的变化而不断做出调整，它的稳定性通常是短期的、暂时性的，其变动需要较长时期。

从不同的经济背景入手，对区域经济发展空间结构的演进进行梳理，以便了解经济结构的变迁、及时把握经济发展动态、全面应对各类潜在的经济危机。在工业经济背景下，区域经济发展空间的演进特点有如下几个方面：第一，极化效应与扩散效应及对应的均衡与非均衡过程的循环交替，螺旋上升过程中极化和扩散趋于均衡。第二，由点到线到面的演进过程。点线面的演进机制表现为，在极化效应的作用下，经济活动在某一节点上的聚集会导致该处经济规模日趋壮大，发展成该区的经济中心，不断实现产业的资本积累和结构升级。在此过程中，区域内各大生产要素则会在向心力的作用下向交通沿线发展，构成经济空间的轴线，由此再向周围扩散，至此辐射成面的经济活动。第三，点线面在空间上的融合是区域经济发展活动在工业化过程中最高的表现形式。在经济活动的点线面的推进过程中，节点的极化和扩散起到极为重要的作用，即从单一结构的经济向辐射一个地区的区域经济发展演进。

在网络经济背景下，区域经济发展空间结构具有以下特点：一是网络经济使得特定区域内产生若干新的地域经济增长点。作为一种新的经济形态，网络经济依托实体经济，一批网络产业在特定区域内发展壮大。产业寻求适合自己发展的区位，优势区位又促进产业的发展，从而成为地区经济的新增长点。二是新的经济增长地带的形成。网络型经济涉及多种产业，产业之间具有明显的联动作用。在地理空间上表现为，网络与信息对产业的关联作用使得不同地域之间的产业联系更紧密。各种产业都选择各自的优势区位形成新的增长点，增长点之间就会形成空间上的联动。新的地域增长点和城市体系借助网络与信息产业的关联作用形成新的增长地带，进一步形成新的经济增长区域。三是由点到面的过程。在传统经济背景下，受到自然环境和交通设施的限制，基于经济中心的地区经济活动局限于一定的经济范围，中心地与外围的经济活动联系紧密，但是这样的结合容易挤占原本就紧张的资源供应，加上空间上的有限很可能引发二者之间的竞争性摩擦，打破二者原有协作关系，制约了彼此的未来发展。而网络化的经营方式则完全摆脱了空间和基础通信上的限制，不存在此种短板。通过互联网络的发展，每个中心地带与外围经济无限扩展，通过网络寻找更适合自己发展的模式。因此，在网络经济条件下，经济空间的演进不需要按照传统的由点到线再到面的过程，而是直接实现由点到面的跨越。

综上所述，结合不同的经济背景，我们将区域经济发展空间从低级走向高级的发展历程分成四个阶段，具体如下：

第一，均质—低水平均衡发展阶段。此阶段处于工业化初期，生产力水平较低，以农业经济为主。大部分劳动力从事农业活动，属于自给自足的经济模式。主要特点是区域间的经济发展状况相当，没有出现不均衡的现象；但是存在基础设施建设落后、城乡发展差距较大、彼此协作机制尚未建立、区域经济发展体系缺乏等级划分、经济主体发展规模不均衡等种种弊病。

第二，二元结构形成。二元结构最重要的特征就是区域差异化日渐凸显，经济均衡发展的状态被打破。一些地区经济快速发展，另一些区域发展滞后，仍然处在农业经济阶段。率先发展的区域开始形成社会经济空间组织形态。专业化分工在相对发达地区出现，等级规模体系在一些城镇形成。这一阶段之所以呈现这样的特点，是由于工业化进程不断推进，各地生产力水平差异不断拉大。

第三，三元结构形成。与二元结构时期相比，这一阶段的特点并未发生本质变化，只是区域间不均衡的差异被严重拉大，贫富悬殊现象较明显。这就使得不同经济主体倾向于追求整体利益最大化，而彼此之间的联系更加畅通，信息传递速度加快，人口流动频繁，经济交换繁荣，区域经济发展空间结构由单经济核心向多经济核心转变，各参与企业之间的关系变得更复杂，既相互竞争，又彼此协作，城市分工和等级体系逐渐形成，大城市综合性强且具有较大吸引范围。此外，不同的经济核心主导产业可能完全不同，因此区域内部功能上较全面，辐射范围不再仅限于城市，而是不断向乡村地区扩散，拉动整体经济发展，从而逐步建立起经济三元结构。

第四，区域经济发展一体结构形成。此阶段处于后工业时代，科学技术水平发展迅速，并且作用于经济各部门和城乡建设、国土资源开发与保护方面。现代化交通网络与通信形成，经济发展过程中充分考虑生态环境的保护。逐渐解决地区间经济发展水平的不均衡，各地区资源要素和空间得到充分使用，区域空间主体间得到有机融合。

综合来看，区域经济发展空间演化边界指地区经济空间利用自身资源要素及能力促进经济发展的空间界限，这种界限可以是有形的，也可以是无形的，属于经济社会的系统范畴。

各区域经济发展的历史经验证明，原材料、土地、资本投入等主导经济发展的有形生产要素决定着区域经济发展空间的规模变动边界，而知识储备、社会关系网络等无形的生产要素则决定了区域经济发展空间的能力变动边界。作为主导本区域经济活动及区域经济发展方向的复杂系统，区域经济发展空间要实现经济发展目标，需要选择与这些要素相互适应的发展方式，还需具备使这些要素转化为生产的能力。区域经济发展空间的边界是由规模变动的边界和能力变动边界的共同作用形成的。

学术界对于经济空间边界的研究发展迅速。从范围经济的角度，当一个城市经济空间从单一产业向多种产业结构过渡时，经济空间的边界扩大，当区域经济发展的产业种类降低时，经济空间边界缩小。另外，经济空间的演化依托生态环境的承载力，这是因为经济空间的演化方式和演化速度会制约区域经济发展空间的稳定性和发展水平，并决定城市化的进程和工业化水平的高低，而这一系列发展都离不开生态环境的支持。

区域内在资金、技术、政策等一个或几个方面具有比较优势，有利于某些产业的发展，而这些优势是不断变化的，随着条件的变化，产业结构随之调整。区域是一个开放的系统，劳动力、资本相互流动，在区域一体化背景下，区域间分工体系形成，产业结构出现空间转移，进而影响整个区域经济发展的空间边界。同时，区域经济发展空间内部层次分明，等级划分较为清晰，一旦外部政策刻意地倾向于某个片区或某一产业，处于较高层次的企业将会迅速做出反应，及时调整发展战略，这就很可能引起内部竞争格局的重构。进而影响区域投资方向，导致产业结构的调整，随之改变区域经济发展空间的边界。

随着低碳时代的到来，对经济可持续发展的要求越来越高，建设生态型、友好型的经济空间成为发展方向。在城市化和工业化发展背景下，需要加大对区域经济发展空间演化过程中的边界变动及影响因素分析，从社会文化驱动机制和生态环境效应角度分析经济空间的边界变动，系统完整地考虑经济空间的演化机理。

（三）区域竞争力

20 世纪 80 年代，美国著名经济学家 Porter 针对区域竞争优势展开了深入的研究，先后出版了《竞争战略》、《国家竞争优势》等书籍，Porter 的研究已经完全突破了传统的理论框架，提出了独到的理论见解，时至今日仍旧被众多学者奉为理论经典。Porter（1990，1998）认为要取得国际市场竞争中的优势，归根结底要抓住本国特色产业，全力培育本国优势产业。此外，国内经济环境对产业发展影响深远，其中生产要素投入情况、市场需求总量、配套产业发展和同行业竞争情况四个方面对产业的战略目标实现和长远发展影响巨大。当某个产业在这四个方面都享有竞争优势时，该产业极有可能在国内产业结构中处于较高层次，并成为国家核心竞争力的关键组成部分。Porter还特别提到了市场机遇和政府调控力度会对产业结构调整造成较大的影响。

关于区域竞争力的本质，无论是学术协会或是科研机构，都只是从各自的研究切入，粗略地给出概括性定义，没有形成统一的看法，揭示其本质内涵更无从谈起。直到1986年瑞士洛桑国际管理学院在其发布的《国际竞争力报告》一文中正式将区域竞争力定义为：国家或地区在市场竞争中享有的获得更多资本积累的能力，这种能力可能源自管理、资本、技术、人力、政策、基建等多个方面。世界经济论坛则从经济增长角度入手，指出保持本国经济高速增长的能力，即为区域竞争力。

由于具体国情不同，我国学者对于区域竞争的看法与国外学者存在一定程度的区别，部分学者认为区域竞争力就是指市场份额侧重比较优势的体现，有一些学者指出区域竞争力强调的是某区域整体实力，不仅指行政区域的 GDP 水平，还包括该地区的科技实力、社会经济发展水平以及该区域的市场地位，还有一些学者则从资源配置的角度进行分析，认为区域竞争力强调的是该区域的市场占有率和资源利用率的高低。综合国内外学者的研究所得，本书认为，区域竞争力是一个综合性概念，它是指保持某一特定区域在市场竞争中处于优势，实现经济快速增长的各种能力的总和。该区域可以是行政区划所指的省、市、县，也可以是国家甚至多国合作的经济区域。

在对区域竞争力准确定性的基础上，要进一步了解区域竞争力的特征和作用方式，才能更好地调整竞争战略和产业政策。综合实践可知，区域竞争中处于优势的地区要么是依托丰富的资源或是先进的生产力水平，要么是由于哪方面占据优势，都会通过开拓市场或降低成本的方式为企业创造更多的利润，增强本区域的影响力和话语权，促进跨区域合作的进行。

对区域竞争力进行深入剖析后发现，区域发展的原动力是内部经济实力的提升，而内部经济实力的提升仅依靠政府投入是远远不够的，必须激发民族资本的积极性，群策群力，打造极富地方特色的产业体系。从扩大内需、增加要素投入、完善配套设施等多个方面做出努力，优化区域产业结构，提高经济产值。当然，仅依靠产业发展也是远远不够的，还应当关注外部生态环境保护、公共基础设施完善、相关服务水平提升等多角度的需求。只有经济建设与生态保护齐头并进，才能实现区域竞争力质的飞跃。可见，区域不是单一的个体，它与产业、环境、中介机构等相互作用，必须对它们的相互关系作透彻而深入的分析，才能真正实现可持续发展。

三、理论基础

（一）区位理论及区域布局理论

由德国学者 Alfred Weber 提出的产业区位理论是国际学术界最早得到经济领域学者认可的以产业区域布局为主要研究对象的理论研究。围绕如何实现企业成本费用最小化，Weber（1960）对集聚效应做了全面剖析，指出只有在确保成本最小的区域形成的集聚才能称为具有区位竞争优势的产业集群。成本的降低既可以通过集群模式下市场交易成本的节约和市场运行效率的提高来体现，也可以通过基础设施共享带来的支出的减少来实现，还可以通过劳动力成本和技术获取成本的缩小来体现，甚至可以表现为融资方式增加且融资风险共担等因素带来的筹资成本的下降。这些方面对产业集群区域而言，既是集群模式的优点，也是集群形成的主要驱动因子。在此基础上，Weber（1960）对区位选择进行了更透彻的分析，结合各大集群区域的产业发展实际，他认为从运输成本和原料投入来看，以产业集群为基础形成的区域经济发展体系的功能远远大于分散布局时企业竞争力的总和。这也就意味着区域内产业集群的演进可以提高经济运行效率，取得"1+1>2"的超额收益。

"二战"结束以来，工业发展成为了众多国家的核心竞争战略，新产业区位理论在此背景下应运而生。学者从宏观环境角度切入，认为决定某一特定区域产业竞争力的根本因素是区域内部组织结构关系与外部人文背景和自然环境，而非本区物质基础或企业总量。学者在对硅谷、德国典型工业区和意大利工业中心进行研究后得出，新兴产业区位理论认为某一特定区域真正取得竞争性优势的原因是这些地区为产业发展提供了有利的发展环境，如金融扶持、人才输送和资源供应等。

（二）投入产出理论

投入产出理论是 20 世纪 30 年代由经济学家 Wassily Leontief 提出的，其主要思想与结论在其论文《美国经济制度中投入产出数量关系》中体现。该理论客观描述了国民经济运行中，各经济部门与再生产环节之间投入—产出间的数量关系，其主要应用领域为经济分析与控制、计划制订及政策模拟等方面。投入产出分析将经济活动按照生产工艺（消耗结构）的相似程度，分成若干产业部门，突出部门之间在生产活动中的相互关系（Leontief，1960）。

产业集群内涉及产品生产和服务提供，一直与外部环境保持产品供给和需求的平衡关系。因此，共生性、互补性和柔韧性的特殊性质为产业集群构成一个投入产出系统。互补性主要表现在产业链中的不同节点相互连接，表现出产品或部门间的垂直关系；共生性体现在产业链中的同一个环节，同时存在多家企业竞争生产，共享基础设施、劳动力市场、科研成果、金融中介服务等；柔韧性体现在生产任务重组上，针对环境的变化，企业采取灵活的反应对生产任务进行重新调整。至此，产业集群内部投入与产出联系体现在产业链上下游环节和关联服务部门对相关生产的支撑。价值链上的直接产品消耗系数体现了要素消耗的作用以及生产企业的分工化程度；直接服务消耗系数决定了生产企业间的竞争化程度。

由于投入产出理论的便捷性，应用范围逐步扩大。例如，在考察地方公共品、信息等在产业集群中所起的作用时，可以在投入产出模型中加入存量、灰色等要素。但在实际操作过程中，由于计算相当复杂，对一些变量的分析比较困难。Learmonth 等（2003）指出投入产出分析的不足之处是，即使识别出产业集群部门之间的弱联系，也不能确定此产业集群是弱的集群。所以，在产业集群的识别过程中，尽量将投入产出分析和其他方法组合使用。投入产出分析的优势在于能够体现产业链内部和产业结构间的经济技术联系。

（三）区位商理论

判别产业集群存在可能性的方法之一为区位商（Location Quotient，LQ）。它的核心思想是某地区某产业就业人数或总产值与相应全国水平的比值。当某地区的就业人数大于该行业全国水平时，说明该地区所生产的产品数量远远高于地区需要，即供大于求，则需要出口，反之则需要进口。区位商可以根据产品生产的地域分布来比较在分工体系下，产业或产品的区域化水平，以此来反映地域分工的格局（Guimaraes & Figueiredo，2009）。

用产值表示的区位商计算公式如下：

$$LQ = \frac{\dfrac{X_{ji}}{X_i}}{\dfrac{X_{jk}}{X_k}} \tag{2.1}$$

式中，X_{ji} 表示 i 地区 j 产业的产值；X_i 表示 i 地区的总产值；X_{jk} 表示 k 国 j 产业的产值；X_k 表示 k 国的总产值。通过计算 LQ 的大小，可以分析区域产业的分布情况。

当 $LQ>1$ 时，与全国水平相比，该地区内的产业专业化分工程度较高，产业在该地区的生产较集中，发展速度较快。LQ 的值越大表明分工体系下产业或者产品的区域化水平高，更具优势。同时还表明，该地区产品生产量超过该地区的需求量，除去满足地区需要外，多余产品还可以对外输出，进而促进该地区经济的发展。通常情况下当区位商大于 1 时，该产业将成为地区主导产业，并在该区域经济发展过程中起到主导作用。

当 $LQ<1$ 时，与全国水平相比，该地区内产业专业化分工程度较低，产业在该地区的生产不占优势。这表明该产业在本地的产出无法满足需求，其他地区还需要提供相应的产品或服务，该产业在全国不存在竞争优势，因此无法形成产业集群。当比较两个地区时，说明该地区分工体系下产业的区域化水平较低，在区域经济发展中该产业相比其他产业不具有发展优势。

当 $LQ=1$ 时，行业的产出水平与全国平均水平相等，该地区的产品供需平衡，不需要额外地区输入产品。

然而，区位商法也同样有一定的局限性。如果全国和地区间的劳动生产率不等。假设某一产业在某一区域内的劳动生产率较高，则每一单位产出所需劳动力将低于全国平均劳动力需求，产业集群程度被低估；反之，若该产业在该地区的劳动生产率较低，则产业集群程度被高估。区位商法无法识别新型和小型产业集群。但由于该方法的数据易于获取，并且计算容易，在国内外的应用还是较为广泛的。

第三章
产业集群与区域经济发展
耦合机制研究

本章分四个部分：一是产业集群与区域经济发展耦合概述，解释了产业集群与区域经济发展耦合的具体概念；二是产业集群与区域经济发展耦合机制的构成，从结构、发展、技术、社会网络四个层面介绍了产业集群与区域经济发展耦合机制的具体构成；三是产业集群与区域经济发展耦合机制的作用分析，系统地介绍了产业集群与区域经济发展的相互作用以及耦合对区域竞争力的促进作用；四是陶瓷产业集群与区域经济发展耦合的内容与动力，认为我国陶瓷产业集群与区域经济发展空间的耦合是大势所趋，为后文的评价与实证分析奠定了基础。

一、产业集群与区域经济发展耦合概述

（一）产业集群与区域经济发展耦合的含义

1. 耦合

耦合是物理学中的概念，是指两个或多个系统之间通过互相作用彼此影响甚至协同作用的现象，这些由各子系统组合而成的系统间彼此依

赖，形成良性循环，共同实现优化升级。以生活中常见的弹簧为例，当拨动其中任何一端时，都会引发振动，且振动时此起彼伏，相互影响，这种互相作用的情况称为单摆耦合。对耦合的概念进行延伸，将社会科学领域满足特定条件时会相互作用、共同促进的两种事物的关系称为耦合关系。

从耦合的内在含义来看，耦合的主要判定标准有三个方面：一是耦合是一个整体性概念，耦合的各个参与主体相互结合并形成一个全新的有机整体；二是耦合以内在联系为基础，即耦合是动态的概念，内部各个元素存在这样或那样的联系，毫无关联的元素并不能称为耦合；三是耦合具有能动性，在耦合系统中，原有的组织架构被拆分，过去的作用机制已失效，各元素重新组合，充分发挥能动作用，促进良性耦合。

2. 产业集群与区域经济发展耦合

产业集群与区域经济发展之间的子系统相互作用，彼此影响的过程可以定义为产业集群与区域经济发展耦合，至于二者之间的耦合度则取决于产业集群与区域经济发展相互作用及影响的程度深浅，其大小反映了区域经济发展作用强度和贡献程度。产业集群是在特定区域内，大量相关企业及支撑组织在地理空间的集聚，进而形成竞争优势，促进经济快速发展。

当前，地区间的经济发展差距变大，在全世界那些快速发展的成功地区，产业集群和区域经济发展空间形成良性互动，协同发展，即产业集群促进竞争优势的形成和经济的快速发展，同时，区域经济的发展又作用于产业集群，为产业集群的发展提供良好的条件和支撑（高月媚，2019）。

产业集群的发展由三个关键的子系统组成：技术创新系统、内部网络系统和演化系统。子系统之间相互影响、相互依赖。其中，内部网络是产业集群发展的基础，技术创新系统是集群演化的核心力量，至于产业集群的成果则可通过技术进步、规模扩大等硬性指标来衡量。区域经济发展空间的运动是由区域创新系统、区域发展系统和区域网络系统构成的。其中，区域经济发展空间发展壮大的前提是发达的局域网和健全的创新机制，其发展的终极目标则是提高国民生活水平，就业机会大大增加，区域综合实力大幅提升。所以，区域经济发展和产业集群的耦合表现在产业集群的三个子系统和区域经济发展的三个子系统之间的相互作用和相互影响的过程中（林涛，2004）。

基于此，笔者将产业集群与区域经济发展的耦合定义为：在集群生产及演进的历史进程中，产业集群与区域经济发展彼此促进、相互渗透的现象。

从经济活动的发展过程来看，这二者耦合的外在表现主要集中于两个方面：一是区域经济发展对产业集群演进的推动作用。利用资源优势和地域特征以及宏观调控等方式，区域经济发展进步推动着产业集群的形成与演进，同时为产业集群的发展提供载体和依托。二是产业集群反作用于区域经济发展实力的提升。产业集群模式不仅深化了分工协作制度，还刺激了企业技术加快更新换代，为区域经济发展注入了新活力（李忠华和李新生，2019）。

（二）产业集群与区域经济发展耦合的形成

正如前文研究所得，产业集群是一系列复杂因素共同作用的结果，而产业集群与区域经济发展空间耦合的形成也是主客观、内外因等统一作用的结果。要深入分析产业集群与区域经济发展耦合的形成历程及其内在作用机理，必须抓住专业化分工这一本质驱动因子，全面剖析经济效应的形成与作用形式。

一方面，为了追求更低的交易费用和规模经济效应，企业倾向于增加产品数量，同时提升产品价值含量。企业会自发地选择集中力量办大事，将成本高、收益低的工序外包或转让给其他企业来完成，这就加快了专业化分工协作体系的形成，促使了产业集群飞速增长。

必须强调的是随着分工不断细化，企业间交易次数不断增加，单次交易费用很难再降低或者保持在较低水平，整体的交易成本上升，分工的优势难以体现，经济效应也就得不到发挥。在这种情况下，产业集群很快面临着瓦解的风险。此时，有战略眼光和远见的企业家就会将眼光投向集群区域以外的交易市场。为节约运输成本和共享基础设施，企业数量将不断增加，产业集群的规模亦会迅速扩大。专业化分工向更深的层面延伸，辐射范围也较广，产业集群的集聚效应就会充分释放，并进一步助力经济总量，使区域实力得到提升。

另一方面，结合理论部分的论述可以得知，产业集群与区域经济发展耦合效应的实现有赖于提高效率、降低成本。一般而言，成本的降低主要有两种方式：一是调整组织架构，进行流程再造。这种方式会在一定时期内发挥作用。但是随着市场规模的扩大，现有的产品种类已经难以满足消费者的不同需求，一味地进行流程再造并增加产品种类不仅难以降低企业成本，还会使企业难以存续。这时专业化的企业便应运而生，它们分布在产业链的不同工序环节，集中生产某一类零部件，彼此协作便形成了产业集群。二是规模化、标准化生产。市场总量不断扩大，单个企业的生产力有限，此时，企业间便会共同合作，集中在某一特定区域，形成产业集群的雏形，发挥规模效应。

经过长时间的变迁，当产业集群模式处于较成熟的阶段时，其与区域经济发展空间的耦合效应在继续发挥作用。这是因为：产业集群具有自我提升的特性。集群形成以后，纵向上，大企业会不断向中小企业传播技术和组织理念，并将价值含量更低的产业转移，以较低的成本获得更高的收益；横向上，同一竞争层面的企业间会通过知识的共享和技术的切磋不断促进创新，扩大市场份额，培养出具有本群特色的专业型、高性价比的产品，开辟新的产品市场，把蛋糕做大，带动相关联产业的发展和区域实力的提升。

进一步对产业集群与区域经济发展耦合机制进行分析，可以看到，中小企业集群是产业集群的地理特性，也是其形成的前提。当特定产业集群成型以后，与该产业有关的其他产业，如交通运输、旅游、服务等领域的企业组织出于灵敏的市场嗅觉，在利益驱动下会自发地向该产业集群靠拢，不仅健全了该集群的内部功能，更扩大了该集群的辐射面积，形成了本书所述的区域产业集群。换言之，区域产业集群是建立在以特定产业为核心的产业集群基础上的，也就意味着，区域经济发展是以产业集群的实力扩张为前提。具体来看,就产业集群而言,其竞争优势的形成本质上是源于内部企业的分工协作和整体规模效应的发挥。就区域经济发展而言,其综合实力的提升是各产业集群共同协作的结果。各集群相当于区域内不同的功能模块,外部规模经济就是区域的内部协作效应,区域经济发展是产业集群发展到更高阶段的产物。因此,区域经济发展空间与产业集群耦合的关系实质上与集群内部的各企业相互促进的关系并无太多实质性区别,都是建立在分工协作基础上的内在作用机制。

综上可知,产业集群也好,区域经济发展体系也好,都是经过长时间积累、内部各子系统相互协作演化而成的复杂系统。专业化分工的深入一方面为产业集群提供了良好的协作方式——功能明确、互相联结,另一方面促进了标准化生产的实现,解放了传统劳动力,为研发投入的增加做好了充分的准备。此外,尽管产业集群内部企业间功能分类齐全,但这是从产品角度来看的,从整个经济效应的发挥层面来看,要最终实现财富积累和人民生活水平的提升,首要任务就是落实区域发展战略,因此,必须致力于完善配套产业和公共基础设施建设,充分发挥政策的导向作用,积极引导人力资源加强流动,鼓励企业锐意创新,发挥产业集群的"领头羊"作用,利用好制度优越性,推动区域经济发展与产业集群协调发展,全面提升区域经济发展水平。

二、产业集群与区域经济发展
耦合机制的构成

分析产业集群的核心包括三个层面:一是集群内部各企业组织的内在联系;二是不同产业间的相互作用;三是企业组织与相关组织间的利益关系。在一个特定区域内,一旦出现一个新兴产业或企业,当产业集聚力足够大时，将会出现与之相关的原材料、部件配件、产品包装、销售端和消费者，以及产业链相关支撑体系以新兴企业为中心在特定地理空间上分布集中，形成产业集群。

集中于区域内的企业通过竞争和协同作用，形成规模经济和范围经济。正是由于产业集群所表现出来的规模经济、范围经济及溢出效应，才带动整个地区的经济发展。换句话说，产业集群与区域经济发展二者密切相关，其发展历程与演变轨迹基本上都是同步的，也是协调发展的。

从区域层面来看，区域产业的耦合必须遵循区域和产业两个维度的内在要求（李欣燃，2010）。即区域产业耦合一方面有既定的作用范围，它的地理辐射区域是有限的。另一方面区域产业耦合必须符合该产业集群的内在特性，与其同步发展。只有做到了以上两点，区域产业的发展才有可能突飞猛进，实现质的飞跃，助力经济增长。

（一）产业集群特征与区域经济发展空间结构的耦合

依前文所述，包容的文化环境是产业集群形成的四大诱因之一，而政府作为宏观调控的主体，在产业集群的动态演进过程中扮演着重要的角色，因此，作为区域经济发展的核心力量，产业集群的特性与区域特征具有不可分割的联系。区域经济发展空间结构是特定区域内的经济活动和活动主体的空间集聚状态，这种状态是区域特征的表现。产业分布与信息传播、交通运输的距离有关，在信息技术和通信技术迅猛发展的今天，地理上的距离渐渐被空间上的距离取代。但集群的地理空间的集聚特性是不变的，集群特性与区域特征的关联性也是不变的。

1. 产业集群与区域经济发展空间形成过程的区位因素耦合

区域经济发展空间形成过程中涉及自然因素、劳动力因素、市场因素、行为因素、运输因素和社会因素等。工业化历程表明，尽管产业集群和区域经济发展空间的状态具有黏性，不易改变，但长期来看，由于区位因素的改变，两者会随之变动。成本学派和市场学派针对产业集群的形成过程，提出自然、市场和交通运输等因素对产业集群有影响。行为学派认为心理等决策因素以及社会因素同样影响产业集群的形成。

新古典区位理论指出，产业集群的区位选择过程，是企业等经济活动主体追求效益最大化的结果，因而选择可以达到效益最大化的产业区位。同时，企业家精神、区域经济发展社会环境对产业集群和区域经济发展空间的形成也产生影响。总之，以自然条件、交易市场、基础交通为主的区位因素是产业集群形成的物质保障，也是区域经济发展空间形成的先决条件，基于此，从区位角度探讨产业集群和区域经济发展空间耦合就有意义了。

随着经济全球化的不断深入和信息知识时代的到来，社会生产方式发生天翻地覆的变化。区位特征的表现形式不断发生变化，由自然禀赋、交通运输等硬条件因素向社会经济体制、人文环境和政府政策等软条件因素倾斜。不管区位因素内容如何变化，不应否认区位因素对产业集群和区域经济发展空间形成过程的作用和影响。

2. 产业集群的根植性和区域经济发展空间区位特征的耦合

Krugman（1991）曾说过，企业最初选择区位时会有一些偶然因素，但是无论最初的区位选择是偶然因素造成的，还是综合各种因素的理性化选择，都会使得企业对原有区位产生依赖。由于转移成本的存在，尽管随时会有迫使企业转移位置的因素出现，企业也不会随时根据情况变动位置。

"根植性"一词来源于社会经济学，含义是经济活动深深嵌入社会关系中。产业集群中的企业不仅表现在地理上的集中，更重要的是它们之间具有很强的地域联系，这些联系不仅是经济上的，还表现在社会、文化、政治等方面。具体来看，产业集群的根植性强调的是长期传承的结果，既包括认知和地理位置上的延续，也包括组织形式、管理制度以及生产工艺等方面的继承。这一特征在以手工制造为基础的传统型产业集群和内生式产业集群中表现得尤其明显。

从认知角度看，产业集群内的价值统一在很大程度上取决于人民生产生活经验的积累。产业集群的发展促进了区域文化的发展。区域内的认知经验包括深厚的地方文化传统、行为习惯、信仰价值和道德观；不可言传、非规则化的知识，孕育企业家精神。区域的认知经验会使集群企业间的观念契合，容易达成共识，形成协同优势。

从地理位置的角度来看，企业选址会考虑资源供应的便利性，资源的稀缺性使得企业向生产要素丰富的区域集中，所以地理根植性首先表现在区域资源禀赋上。集群区域的社会环境、经济环境、政治环境、法律环境等，都会赋予产业集群地理根植性。

从集群内部的组织形式来看，产业集群组织根植于产业整体层面，指本地集群组织性质和结构。区域企业的组织水平是集群价值链的质量保证，决定了它的效率和能力水平，在范围经济和规模经济的作用下保证了集群效应水平，这是非集群区域所不具备的。

从集群的制度层面来看，产业集群的制度分为正式的和非正式的。正式的制度有法律法规等形式，非正式的制度则由社会习俗和一些默认的不成文的规则及惯例构成，制度的存在可以降低交易成本。产业集群制度根植于区域不同层次相互连接的社会、金融、政治结构的组合，制度根植保证集群经济体系运行的效率，减少经济活动中的不稳定因素。

从集群的社会性分析可知，产业集群社会根植性的存在有利于孕育区域社会资本，加强区域的凝聚力和归属感。社会资本指网络、规则、信念及文化制度，是一种经济资源，它不是天然存在的，而是历史演化逐渐形成的。产业集群网络内技术人员的流动和新知识的传播将产生更多的技术知识，使区域溢出效应和协同效应优势明显。

所以，由经验、制度、资源、组织、社会、文化等要素相互作用形成的区域经济发展空间的区位特性是区域经济发展的重要前提，它们的存在在很大程度上促成了产业集群路径依赖的空间特征的形成，即所说的产业集群的根植性。

3. 产业集群的集聚性和区域经济发展空间的集聚力的耦合

产业集群是由产业链上相关企业和相应支撑组织机构在特定区域内的集聚形成的。企业根据行业特点在区域内集中，地理空间上接近，相关经济活动聚集。地理空间的接近有利于知识传播和信息共享，尽管通信技术的发展在一定程度上减少了对地理距离的依赖，但一些无形的知识依然会引起集群内外的信息不对称。企业间在地理空间上的聚集通过专业化分工和生产极大地降低了生产成本，对应配套设施体系趋近完善，降低企业交易费用，有利于社会资本的形成。

根据经济学模型的研究结果，经济空间长期均衡的决定性因素包括市场聚集力和企业竞争力两个方面。前者的形成是由于市场距离的远近影响企业未来战略调整的灵活性并决定企业运输成本的高低，这就促使不同的企业组织自发地以市场为中心，不断聚集。后者的形成主要是同业竞争的结果。在企业集中度高的区域，竞争强度大，限制企业效益，促使企业在地理空间上均匀分布，称为扩散力。市场聚集力与企业竞争力相互作用，此消彼长，保证了经济结构和企业布局在一定阶段的稳定性。市场聚集力对经济空间的作用主要体现在规模效应和价格指数效应两个层面：一是市场规模的扩大会引起经济活动的不断集中，进一步促进区域集群化；二是本区域经济活动的集中会增加供给，降低相对价格指数，在名义收入不变的情况下，货币的实际购买力上升，这就会使本区域居民生活水平提高，吸引更多企业和个体居民聚集。如此循环积累，使得经济活动向该区域集中。初始时经济活动对称的两个区域，随着贸易成本的下降，区域间的非对称性就会出现。由赫克歇尔—俄林定理可知，地区间贸易成本的下降，会导致密集使用本地区相对丰富资源进行生产的部门专业化（刘强，2020）。

在区域经济发展过程中，围绕着基础设施会形成产业集聚带，由于地区经济发展的不平衡，"点—线—面"空间结构演化过程的动力机制，在经济发展水平的不同阶段所形成的区域经济发展空间结构表现出不同的特征。产业集群在地理空间上的集聚性与区域经济发展空间的集聚力，构成区域经济发展的基本形式。区域经济发展空间的集聚力表现为以面为基础，借助轴的传递，形成集聚中心点。在此基础上，借助轴的纽带作用，产业链上、中、下游相关企业以及配套企业在空间上不断靠拢，即形成了集群，在此集群内部的企业在区域经济发展空间内地理位置接近，经济活动密集，构成区域经济发展系统。所以，产业集群的集聚性和区域经济发展的集聚力具有耦合关联。

（二）产业集群演化与区域经济发展空间的耦合性

区位因素是地区间经济发展不平衡的重要原因，产业集群本身具有根植性，一旦在某一地区形成集群经济，那么就很难改变和复制。产业集群本身所具有的特性，如区位特征、资源共享使得集群企业具有集群外企业无法获得的比较优势。在此基础上，当这些原本就具有竞争优势的企业自发地向某一特定区域靠拢，除能够增强企业竞争力和集群效应外，从整个区域综合发展的角度看，处于同一地域的产业集群与区域经济发展在演化模式上具有一定的偶发关联性，因此，这些产业集群对于本土产业结构化升级以及综合实力的提升的作用举足轻重。

在产业集群内部，产业链上的相关企业或对应配套体系都具有专业化分工，它降低了由加工程序的烦琐造成的成本，有效提高了生产效率。由于产业的高度集中，一方面，现有的交易机制和市场容量已经难以满足现行的生产规模和交易频次，为适应当前的竞争强度，市场机制将会不断完善，以期提高运作效率。另一方面，企业间的竞争使得产业效率和活力得以保持，区域竞争实力的提升有赖于生产效率的提升和交易机制的健全。结合国际上产业集群的实践经验可知，产业集中度越高，产业的竞争力越强，区域竞争力越强。所以，产业集群的形成与发展、兴盛与衰退都与区域经济发展密切相关、相辅相成。

1. 演化动力的耦合

产业集群演化的内在动力是自组织行为，产业集群类似于一个自我调节良好的有机系统，集群构成主体开放的不断演化的过程决定了集群的存续全过程。换言之，产业集群的形成及后续发展均可以视为自发性行为。

首先，产业集群包含多层次组成要素，包括关联性很强的企业，还有产业链上游供应商、中间制造商与下游经销商和消费者，以及对应的支撑系统，包括政府、金融机构、咨询中介机构等。其次，产业集群内部要素流动频繁，其外部组织或个体的信息互通及生产交流随着集群规模的扩大而日渐增多，据此可以认为产业集群具有开放性，它通过频繁的商品、服务和信息等方面的交流形成本地化网络，进而进行区域间的贸易往来和交换。再次，产业集群是区域经济发展活动由均衡状态向不均衡分布转变的结果，这是因为：一方面，产业集群内各个部分是动态的，产业集群内的企业之间、政府与企业之间都存在不平衡；另一方面，产业集群内部一直处于活跃的状态，集群内的要素随着环境的改变而改变，是一个不断演化的过程。最后，产业集群包含众多子系统要素，由于正负反馈机制的存在，子系统内的变化可能会对产业集群整个系统起作用，对产业集群的稳定性产生影响，进而改变产业集群的发展和演化方向。

一般而言，成型的区域经济发展空间结构在一定时期内会趋于稳定，但是这种稳定通常只会保持较短的一段时间。这是由于区域经济发展空间内的知识、技术以及信息等要素会随着区域内各主体的生产活动的进行而不断调整要素总量或变更传播渠道，这就导致区域经济发展空间组织关系的变动和经济空间结构的调整，最终形成新的区域经济发展空间体系。将上述变化的过程称为区域经济发展空间的演化过程。引起该类区域经济发展空间稳定性下降时需要的动力支持，本质上源于空间内部，同时也受到国家管理部门借助宏观调控手段影响，如财政政策及货币政策等因素。在内外力的共同作用下，经济空间内的各类经济活动和生产要素分配均受到影响而做出自发性调整，即文中所述的演化过程。

区域经济发展空间内部人力资源和生产技术等生产要素的变化会对区域经济发展空间结构的演化过程造成较大影响。受益于区域内经济主体交流日渐增多及企业专业化分工协作体系的不断完善，区域经济发展空间结构会持续做出适应性调整，并进一步为区域内各大产业集群搭建覆盖面广、联系紧密的社会关系网络，形成网络型现代集群区域。如果将产业集群区域的经济空间结构归因于企业标准化、规模化集中生产模式的推广，那么可以认为产业集群的动态演进与区域经济发展空间之间相互作用形成了耦合机制。

2. 产业集群与区域经济发展空间的形态的耦合关系

产业集群的形成是内在和外在、市场和政府等因素共同作用的结果，产业集群的形成根据主导因素和驱动力量的差异、生成路径和发展的不同可以分为内生型、外生型和高新技术三类产业集群。

与产业集群不同的是，区域经济发展空间强调的是内部各经济主体之间的各种社会关系的总和，而不是产业发展的模式或产业现状。区域经济发展空间体现的是内部要素的关系，自然是多种多样并经常变化的，因此，区域经济发展空间复杂多变。一方面，受内部各经济活动主体间彼此关系的影响，区域经济发展空间的组织关系极不稳定，涉及面极广，包括就业、基础交通、土地使用等多个层面的组织结构。另一方面，区域经济发展空间是动态的而非静止的。区域经济发展空间长期处于演进过程中以期确保与内部经济活动相配套，一旦区域经济发展空间难以满足经济活动的开展条件，整个区域经济发展就可能停止增长。可见，内部经济活动对区域经济发展空间起决定性作用，而区域经济发展空间会反作用于内部经济活动。区域经济发展空间能否匹配区域经济发展活动依赖区域经济发展形态的构成要素的相互关系，也就是各经济主体的组织形式与内在关联。

通过分析产业集群和区域经济发展空间形态，可以对二者之间的耦合机理和耦合作用进行更全面的分析。从产业集群的生产路径着手，明显可以发现以传统产业为核心的内生型产业集群具有较深的地域根植性，这种以集群内各经济主体彼此信任作为基础发展而成的区域经济发展空间形态比较简单，表现在企业交通网络，围绕生产要素发展。外生型产业集群依赖地理区位优势、优惠政策形成产业带，区域经济发展空间结构表现在相关产业聚集、劳动力集聚等形态。高科技产业集群使得区域创新网络的集中、产业链的区域关联，实现区域技术扩散促进产业结构升级。

（三）产业集群创新与区域创新的耦合关系

综观国际产业的发展经验，产业集群是非常普遍的现象，国际上具有较强竞争力的产业基本都是集群模式。由于产业集群内的企业和相关机构聚集在特定区域，存在创新的条件和环境，当经济活动主体间的创新活动能形成网络或系统时，产业集群与区域经济发展空间就构成必然的联系。

区域创新体系为本区域企业及其他非企业组织创造了良好的交流环境，畅通了内部信息传递、知识传播及技术扩散等方面的各类渠道，有利于现有技术的推广更新和新技术的研究开发。因此，通常较健全的区域创新体系拥有较强的创新实力和创新条件，本区域的专业技能往往处于较高的水平。集群模式在一定程度上具备了区域创新体系在激发创新活力方面的优势，产业集群创新与区域创新的耦合主要体现在地域、结构、功能、目标等方面。作为区域创新体系的重要组成部分和创新体系的活力元，产业集群以其多样性成为了区域创新体系构建的重要方式之一（徐雪娇等，2021）。

1. 产业集群与创新的耦合

除对区域创新体系的作用大外，就其自身而言，产业集群创新也有着十分明显的特点：①互惠共生性。某一个企业很难凭借自己的力量使得知识产业化。为了规避风险、缩短时间，集群内的企业从事创新价值链上的某一环节的工作，实现专业化分工生产。②竞争协同性。集群创新是企业永葆活力和敏锐的战略眼光的前提，而创新通常离不开集群内部的分工协作，也离不开集群企业的内部竞争，这种竞争具有协同效应，为合作奠定了坚实的基础。③根植性。集群创新具有较强的关联性。④资源共享。许多相互关联的企业集中，实现资源信息共享，互为创新成果的受益者。

产业集群促进企业创新。创新表现在观念、管理、技术和环境等诸多方面，产业集群给企业提供良好的创新环境。企业彼此邻近，会受到隐形的竞争压力，迫使企业进行技术创新和组织管理创新改进。由于竞争和挑战的存在，以利益最大化和市场占有率提升为追求目标的集群企业，为了满足市场需求将会从设计—生产—包装等多个环节做出改进，锐意创新，以求扩大竞争优势。此外，创新具有溢出效应，知识创新很容易传播到区域内的其他企业，企业之间通过参观、访问和交流，快速学习到新知识和新管理理念。

在集群区域内，由于企业间距离较近，信息的传递和思维的碰撞具备了良好的交流环境和沟通渠道，因而企业间的合作日趋紧密，技术转移得以迅速实现。形成知识的溢出效应，形成学习经济，加强企业创新能力。产业集群有利于知识和技能的转移扩散，产业布局高度专业化，空间的邻近不仅有利于显性知识的扩散，也可以加强隐性知识的流动。同时，区域创新体系的建立有助于提升内部信任度，激活竞争态势，促进分工合作与技术推广，降低了产品研发生产环节的成本，为集群积累了更多财富，如图 3.1 所示。

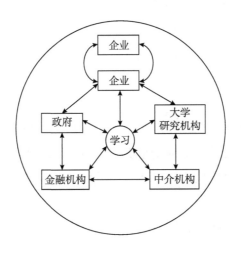

图 3.1　产业集群的创新网络

2. 区域经济发展与创新的耦合

区域经济发展的创新过程强调，一个区域的制度和文化环境与创新的相互作用过程。广义而言，区域创新体系是一个集社会生产力创新、区域文化创新等多个维度创新的集合体，它的创新往往是以分工协作联系紧密的企业或科研机构等组织为基础的区域组织体系层面的创新。区域创新还具有以下突出特点：①地域性。描述对某一特定区域的产业现象。②多元性。指区域经济发展空间中包含着不同组织形式的多种经济主体，如社会团体、营利企业、公共部门、科研机构等，呈现多元化的特征。这些经济活动主体间的联系与交流关系到区域经济发展空间的创新体系。③网络性。创新是主体间的竞争和协作过程，系统要素间的相互作用是区域创新的关键。④邻近性。企业间的地理邻近性加快信息和知识的传递，增强技术溢出效应。⑤政策性。创新政策在区域创新体系中具有重要的作用。

区域经济发展空间的创新体系是指在一定区域范围内，新的区域经济发展要素加入到区域经济发展系统，创造更有效的资源配置模式，实现新的区域经济发展功能，使得经济资源合理利用，提高区域创新能力，促进产业结构升级，进而实现经济的跨越式发展。区域经济发展空间创新体系是在一特定区域内和社会经济文化条件下，各种主体要素和非主体要素以及组织各要素之间关系的政策和制度所构成的网络，通常是由经济活动主体、创新主体和创新环境的联系与运行机制组成，旨在推动区域技术创新和新知识的产生。

区域经济发展空间创新体系的特征包括：①它是一个由各相关要素组成的有机系统，不是孤立的创新组织或机构；②从功能和组织结构上来说具有可分性，能够分解成不同功能的子系统；③重点在于技术研发、扩散和产业化。

区域经济发展空间创新体系作为一个网络组织体系，为区域经济发展增长创造了良好的要素传播渠道，有利于挖掘众多潜在的经济增长点，用创新思维推动技术变革和理念转变，为区域经济发展一体化发展打下坚实的物质基础，充分发挥创新体系对协调产业发展、激发经济活力方面的关键作用，最终实现区域竞争力的大幅提升，带动全区经济水平的提高。

区域创新可以优化创新资源，提高创新能力，保证区域内的经济增长质量。区域创新可以提高企业自身对技术的消化能力，有利于企业逐步提高创新能力，使得区域内的新产品和高技术产品不断涌现。创新体系可以为企业提供创新服务，帮助技术转移和知识传播能够更快更有效地发挥应有的作用，促进区域经济发展规模效应的发挥。区域创新体系还可以为经济建设培养高素质的创新型人才，充足经济建设的智慧库，能提高企业对市场变化的灵活性和应变能力。

3. 产业集群创新与区域创新的耦合关系

创新不是某个企业的孤立行为，企业在创新过程中不断与外界进行联系和交流，所以，研究企业创新需要把企业放在所处的经济空间中考虑，企业创新能力对集群整体和整个区域经济发展空间的创新都有密切的关联。正是在这种背景下，产业集群创新在技术创新领域受到广泛关注。理论和实证研究表明，产业集群的最主要优势是集群创新效应。产业集群内部的企业和相关机构聚集在某一区域，存在创新的条件和环境，如果各经济活动主体间的创新活动以网络形式出现，产业集群创新系统就必然与区域经济发展空间的创新体系具有耦合关联性。具体如下：

（1）地域关联性。产业集群创新与区域经济发展空间创新要在一定地域范围内考虑，往往得结合历史条件和地域特性，与产业特点相结合，具有显著的地域性。

（2）结构关联。企业、科研机构和中介组织等创新主体具有很强的重叠性。产业集群创新主体是企业群和相互联系的企业网络组织；一般区域经济发展创新体系的创新主体如政府部门、科研院校等，往往也是本区域产业集群的创新主体，一定直接或间接控制或影响着产业集群创新体系的形成及完善。主体间的联系网络是产业集群创新体系和区域经济发展空间创新的共同因素。另外，区域内共有的知识、技术、人才、市场和基础设施等要素本身就是构成区域经济发展空间的重要因素，同时也是产业集群创新形成和发展的原因。

（3）功能关联。区域经济发展空间创新的主要功能就是推动新知识和新技术的产生、扩散和应用。形成产业集群创新体系主要是通过构建有效的区域合作网络，促进新知识和新技术在本地区的传播和应用。因此，产业集群创新和区域经济发展空间创新在新知识和新技术的扩散方面具有耦合关联性。区域经济发展空间创新体系利用政策倾斜、技术扶持等手段推动本区域经济主体增加良性互动，加快内部创新要素的流通，积极搭建创新平台。这为产业集群的技术提高和知识存量增加创造了前提，有利于企业间交流协作的开展，从这一方面讲，促进区域内的新技术和新知识的产生、扩散和应用是产业集群创新和区域经济发展空间创新共同的功能。

（4）目标关联。整合区域内外各类资源，优化资源配置，合理调整产业布局，鼓励产业转型升级，通过培养本区域创新优势增强区域竞争力是区域经济发展空间创新体系的根本目标。而产业集群创新体系的构建是为了促进产业与区域经济发展的良性耦合，利用地理集聚带来的规模效应和范围效应大大降低了交易费用，通过专业化分工的深化，着力减少企业生产浪费，节约企业成本，提升产业利润空间，这与区域经济发展空间创新体系的目的紧密相关。产业集群创新是区域经济发展空间创新的有效途径，产业集群新技术和新知识的产生可以为区域经济发展空间提供动力和参考性范例，反过来，区域经济发展空间创新则为产业集群创新提供了更包容的外部环境，有利于创新思维的培养。

（四）产业集群与区域经济发展空间社会网络的耦合关联

产业集群是在空间上接近的相互关联的企业或支撑机构围绕产业价值链所形成的垂直分工、水平竞争网络，产业集群并不是众多企业在地理上的简单集聚，重要的是它们之间建立的竞争和协作网络，促进专业化分工体系的形成，最终提高区域竞争力。产业集群具有社会网络属性。从社会学的角度看，经济行为具有社会网络结构，嵌入特定社会结构、人际关系中的经济活动才是为现实经济社会所接受的。区域经济发展空间社会网络是区域内相关个体连接形成的整体，是主体获取信息、资源、社会支持的机构网络。

社会网络的一大优势是使产业集群内部和区域经济发展空间内的信息交流通畅，无论是产业链上游供应商还是下游经销商或消费者，借助信息化均可以用较低的交易成本找到自己需要的产品或生产要素。产业集聚的形成受益于区域内的网络、合作关系、技术突破以及社会关系等因素的支撑。作为产业集群形成与发展过程中的关键因子，它们为新技术的出现和研究成果转化为实际生产力作出了突出贡献。不仅确保了知识链的完整，而且保障了产业链的优化重组，为区域经济发展提供了更多可行性路径。

社会网络理论认为，社会结构是人与人之间或组织之间关系的网络结构，网络指关联节点之间的联结。社会网络是人与人或组织之间的社会关系，通过网络建立并维持某种社会认同，建立社会接触进而获得社会资源。古耀杰和任艳珍（2016）提出网络就是在系统中个体之间的所有联系组成的整体。部分理论工作者认为网络是网络内组织间的长期关系，这种关系不是市场交易关系，也不是同一组织下的层级关系，而是介于两者之间的水平关系。还有学者赞成社会网络是网络内主体获取社会信息与资源的机会结构的说法，认为大量相关联企业构成了社会网络，其中含有产业集群内部的专业化分工体系，彼此间的相互交流、相互合作都是通过网络中的互动行为进行的。网络内的交易并不完全通过不连续的市场交易进行，还有通过网络成员间的彼此互惠互利、相互协作的行为完成，企业间存在某种依赖关系和利益关系。

当产业合作网络发展到一定程度时，为了更好地实现经济利益，网络本身容易形成独立经营企业，这类企业没有固定产品、没有固定顾客，也没有固定生产方式和供应商，却能依赖紧密的网络关系，组合有效的商品满足顾客的需要。

网络的社会资本可以提高个体和组织对社会网络关系的责任感，减少交易中的不确定性并提高合作效率。一旦企业意识到社会网络带来的价值，就会不断复制网络中的社会资本。产业集群的社会网络对企业的绩效有两方面的作用：一是促进企业之间的交流合作，这是集群创新的重要动因；二是降低企业的交易成本，这是企业竞争优势实现的基本前提。集群内的企业为了不断吸收新知识、信息资源以提高自身创新能力，就会采取一系列措施巩固内部社会关系网络，加强彼此协作，实现优势互补，当集群企业集体发挥网络优势时，整个集群的创新都在提高，进而增强集群的竞争优势。

1. 网络结构维度的耦合

网络是一系列行为关系的总和，产业集群网络是内部经济主体为了获取资源、交换要素而建立的纵横交错的关系网，包括信息、市场、创新等多个模块。集群内的企业和非企业组织为了实现经济利益和全面创新，依托地理上的集中性优势，横向上与互补性厂商、服务机构分工协作，取长补短，将一部分经济活动交由其他机构来完成，以降低生产成本；纵向上与上游供应商，下游经销商达成共识、通力合作，形成完整的上下游产业链，实现价值最大化。因此，随着各种交易行为和协作关系的实现，集群内会形成联系紧密、脉络清晰的社会关系网。在此基础上，集群网络引发的技术知识溢出效应及随之而来的跨区协作的建立，将会形成新的社会关系网，并对集群网络结构造成冲击，引起结构性调整，促进集群网络不断扩大辐射范围。

就区域经济发展空间而言，其内部生产要素的流通依赖经济网络的支持，它为经济空间提供了全面而畅通的交流途径，是区域经济发展的必要联系网络。经济网络可以从两个层次进行理解：①有形的网络，如交通网络、信息网络、电力供水供气网络等，为区域经济发展空间的交流提供物质基础；②无形的网络，如活动主体间的信任关系、信息交流网络，为经济活动的有序进行提供约束和能量，使经济技术贸易正常进行，促进区域经济的快速发展。

2. 集群分工与区域经济发展网的耦合

受益于集群内部结构完整、层次分明的社会关系网络，产业集群内部存在着大量互补性企业或非企业组织，确保了专业化分工体系的构建。因此，产业集群内部的生产经营活动带有浓烈的专业化生产色彩，所提供的产品也有较高的辨识度。此外，分工体系和专业知识对收益增长具有促进作用，分工的深化不仅促进制度创新、推动交易制度的完善，还决定了经济组织的产生与发展。可以看出，产业集群的分工网络对于集群发展意义非凡。从产业集群分工网络的构成主体来看，企业、科研机构、中介及政府公共部门等都在其中扮演了重要角色，生产企业是产业集群的核心部分，也是集群专业化分工网络的重要组成部分。公共部门虽然不直接决定分工网络创新实力的高低，但它在环境创造、调节内部经济主体关系、引导产业发展等方面有着不可替代的作用。通过制定有效的政策与制度，可降低企业生产运营成本，减少集群形成的障碍。大学和研发机构是知识创新的主体，通过技术扩散和知识外溢为产业集群不断提供知识创新成果。中介组织可以通过提供配套服务来为生产企业提供技术、知识、人力等方面的支持，是生产企业能够专心搞生产的坚实后盾，它有助于激发集群企业的生产潜力和创新活力。至于金融机构，它是分工网络形成的重要组成部分，为企业资金提供流动性。良好的银企关系不仅保障了内部企业生产活力和技术研发所需的资金流，而且配合了国家的中小企业扶持计划，也为自身实力的提升开辟了新路径。

至于区域经济发展空间的经济网络，它是在产业集群社会关系网的基础上发展而成的，换言之，产业集群分工网络是区域经济发展网络的一部分，而从产业集群分工网络的完善来看，区域经济发展网络的构建能够弥补集群分工网络的不足，为内部分工网络的结构优化创造了条件。

三、产业集群与区域经济发展
耦合机制的作用分析

产业集群是指在特定区域内的相关企业及关联机构的地理空间集中发展，并形成具有竞争优势的组织，是区域经济发展中的空间组织形式。它受到区域经济发展环境的影响，同时对其具有能动作用。一般而言，产业集群与区域经济发展空间两个系统通过耦合元素相互影响、互相促进的现象就是产业集群——区域经济发展空间耦合。这一耦合现象的运行机理表现在两个方面：一是产业集群可以推动产业转型，调整产业结构及布局，为技术创新和配套产业的升级优化创造了良好的条件，最终促进区域经济发展空间结构的完整，助力经济增长；二是区域经济发展空间通过基础设施、生产要素和资本为产业集群提供支撑。

（一）产业集群对区域经济发展的作用

首先，根据前文论述可知，产业集群模式可以解放社会生产力，实现产业结构调整，加速产业转型。这就意味着农业经济占主导的时代已经过去，产业发展的重心是推动第二产业和第三产业的综合实力提升，发挥第二、第三产业在经济增长中的决定性作用；合理引导劳动力流向需求较多的产业，实现剩余劳动力的科学转移，推动城镇化和现代化建设同步进行、协调发展。具体来看，产业集群对区域产业结构的调整作用表现在通过整合产业价值链、影响主导产业的发展及生命周期等。根据实践经验和理论依据，产业集群模式有助于实现正外部性，减轻信息不对称以节约交易成本及发挥规模效应，这一系列影响又会推动集群区域内部创新网络的发展，使得产业发生转移，最终实现区域产业布局合理化，产业结构完善化，不断解放生产力，促进效率提高和方式优化，最终提高区域产业化水平。

其次，产业集群模式可以激发创新积极性，实现生产技术提升，增加企业利润总额。众所周知，追求超额利润是企业的主要目标，而创新是获取超额利润的重要方式。因此，创新一直是各类企业永恒的发展战略之一。在集群模式下，地理位置上的靠近为企业间的交流搭建了广阔的平台。通过信息交换和协作，企业能够迅速了解市场行情，及时调整企业生产计划和竞争策略，在竞争中取得先机，同时也为企业把握未来技术变革提供了更多更具说服力和指导性的素材。再加上集群模式可以集中团体的力量，共同分担创新风险，通过合作的方式，加快创新成果的研发和转化。除此以外，由于处于同一集群文化背景下，创新技术的推广变得较为顺畅。这就全面提升了本区域的整体创新水平，保证了竞争优势的扩大。当企业以这种方式享受到竞争性好处时，它们对创新的积极性将长期处于较高的状态，促使它们致力于技术创新和制度变革等。产业集群在创新上享有的多重优势将会影响区域市场同类竞争者的创新积极性及互补企业的自我提升意识，最终使集群成为区域创新的核心，促进整体竞争实力的提升。

产业集群的发展和产业分工不断细化会使集群企业的分工水平得到深化，相关的配套服务不断发展，市场规模不断扩大，向集群区域集中。一旦配套产品行业有利润可图，集群需求就会不断扩大，在集群区域内形成专业化生产，有些中间产品从生产环节分离出来，形成新的以某一特定环节加工为主业的企业组织。这就使产业链不断拉长，整个集群的经济产量和外在规模不断扩大，分工体系逐步完善，配套设施日趋丰富，从而促进区域经济发展多样化发展。

（二）区域经济发展对产业集群的作用

产业集群的发展有利于区域经济发展的产业结构优化、技术进步和配套设施的升级，进而促进区域经济发展的完善与发展。但产业集群必须依托区域经济发展空间结构，需要经济空间提供载体和支撑。

在产业集群发展过程中，基础设施、配套服务等都是必要的和关键的要素。产业集群的投入要素不仅包括一般意义上的自然资源、资本、劳动力，还有政策、金融、教育培训等。区域经济发展的组成要素都会对产业集群的发展产生重要影响。经济的开放程度之所以构成产业集群的条件和基础，是因为产业集群模式对信息沟通、要素交换的畅通程度要求较高，经济系统越开放，产业集群的发展就越有效、越迅速。另外，区域经济的发展水平反映了产业集群发展的资本保障。强大的经济实力会给产业集群提供其他区域无法给予的资本，使产业集群的发展获得资金保障，提升产业集群竞争力。

（三）产业集群—区域经济发展耦合对区域竞争力的促进

产业集群作为一种先进的发展模式，在很多方面都具有绝对性或比较性优势，突出表现在：一是高生产效率带来的优势。由于集群可以促进专业化分工体系的完善、促进产业创新，同时实现企业共享基础设施，这就为企业降低生产成本提供了多重途径，最终实现生产效率的提高。二是高产品价值带来的优势。集群模式能够整合资源，培养创新思维，这些特征能帮助集群企业更好地了解市场升级，有针对性地增加产品品类及附加值，通过品质的提升吸引消费者，实现竞争优势。综上所述，产业集群会通过降低成本或提高品质的方式提升市场占有率，促进本区域经济总量增长，创造更多的就业机会。

1. 产业集群—区域经济发展耦合系统的集聚效应与区域竞争力

所谓产业集群—区域经济发展耦合，是指由于产业集聚而带来的一系列比较性优势。一是配套服务的成本较低。在产业集群聚集模式下，由于聚集了大量的企业及其他组织，受经济利益驱动或政策吸引的市场、通信企业、公共部门等相关服务的提供者会自发地接近产业集群区域，这就为集群专业化分工的深化创造了良好的外部条件，并节约了获取相关服务的信息传递成本、运输成本等，为区域经济发展提供了良好的基础环境。二是资本获取与积累更加便利。由于产业集群的发展往往会吸引相关金融机构的入驻，加上政府极有可能在产业政策上有意识地推动金融机构和企业加强协作，这就为企业提供了成本更低、金额更多的融资方式，特别是对资金周转较难的中小企业而言，无疑是促进其发展的重要举措。这就使得集群产业规模和企业数量持续扩大，有利于国家产业政策落到实处，促进本区域就业、提高居民生活水平。

2. 产业集群—区域经济发展耦合的外部经济效应与区域竞争力

在产业集群模式下，专业化分工体系不断完善，企业间分工协作日渐增多，不仅避免了重复建设和同质竞争，还减少了资源浪费，提高了资源利用率，进而降低了企业生产成本。从整个区域的角度看，形成了较明显的正外部经济效应，具体包括协作效应、制度效应以及创新效应三个方面。

3. 耦合系统的自我强化机制与区域竞争力

结合前文可知，产业集群与区域经济发展的耦合具有较强的正外部经济效应，该耦合系统在协同生产、组织管理及开拓创新等方面具有其他分散型产业所不具备的优势。这些外部竞争性优势对耦合内部起到了能动作用，倒逼内部自我升级，不断强化。具体表现如下：

（1）系统内产业规模不断扩大。由于产业集群—区域经济发展耦合具有协作效应，就会增强内部经济主体之间的凝聚力，在一定程度上促进内部资本流通，加快信息传播与生产交换，扩大了区域内部市场容量。同时，由于协作效应的存在，各不同经济主体的目的能达成一致，有利于整合各个个体的实力，在区域竞争中取得有利地位。这些影响会持续作用于内部各经济主体，使其不断强化生产实力，扩大产业规模，实现自我升级。

（2）系统内产业链升级将持续进行。由于区域经济发展耦合系统会随着业务开展，不断进行自我调节以适应经济生产的各种需求，这就使得耦合效应不断向横向和纵向扩散。纵向上，专业技术的推广和高素质人才的引进给区域经济发展主体提供了充足的技术支持和人力储备，使内部企业不断强化自身生产力和竞争优势，确保产业链稳定升级。横向上，区域耦合系统为企业交流提供了广阔的平台，有利于企业间合作的开展，使得企业交易费用大幅降低，可以集中于开发具有优势的专业性产品，增加产品的种类和内在价值，最终实现产业分工体系的健全化，促进产业链持续升级。

（3）系统内创新活力不断释放。区域内产业集群的演化过程能够将资源迅速地集结在一起，有利于统筹兼顾。产业集群模式可以风险共担，同时使资本的积累更迅捷，能够激发本区域创业热情。此外，集群内部竞争关系会随着企业规模的壮大日渐激烈，引起集群内部的战略调整，力求技术进步与管理优化不断进行。除集群内部的竞争能激发创新活力外，产业集群创新体系的健全还受到外部政策和区域市场状况的影响。一旦某个区域呈现明显的竞争优势或开发出了新的产品或研发出了新的技术，其他同级竞争者为了保持现有的竞争格局或更多的市场份额，将会迅速效仿该区域的做法，如此循环往复，在相互推动作用下将充分释放本区的创新活力。

综上所述，产业集群—区域经济发展耦合是一个自主性极强的复杂系统。由于内部各经济活动主体具有较类似的生产特点，又处于同一背景环境下，因此很容易实现协同效应。另外，区域经济发展离不开宏观调控的扶持与监督，才能确保经济秩序和市场平稳运行，而产业发展的实践又会反过来指导政策制定者，提高政策的实践指导意义，这就确保了制度的不断完善和管理方式的持续转变。基于产业集群—区域经济发展耦合系统在促进区域自我创新、自我优化方面发挥了积极作用，各经济主体必须锐意进取，不断增强本区域竞争实力。

四、陶瓷产业集群与区域经济发展
耦合的内容与动力

（一）陶瓷产业集群与区域经济发展耦合的内容

本书将陶瓷产业集群系统与区域经济发展系统之间相互作用、相互影响现象定义为陶瓷产业集群与区域经济发展耦合，其耦合的主要内容包括区位空间耦合、资源要素耦合、创新体系耦合和发展目标耦合（杨建仁等，2017）。

1. 陶瓷产业集群与区域经济发展的区位空间耦合

从区位空间角度来看，陶瓷产业集群作为一种介于企业和市场的中间业态，它聚集于特定的空间范围，具有显著的区域根植性。陶瓷产业集群通过产业的聚集产生相应的聚集效应、扩散效应以及生态效应，并通过对经济资源的配置产生强烈吸引力而形成经济资源的聚焦区。因此，当特定区域经济发展空间中陶瓷企业乃至陶瓷产业聚焦达到一定规模而产生强大的吸附力时，将吸引更大规模的关联、互补甚至竞争企业和产业的集中，通过共享本区域的经济资源、自然资源和基础设施，产生强大的溢出效应和规模经济效应，进而促进本区域经济的发展。

2. 陶瓷产业集群与区域经济发展的资源要素耦合

产业集群的核心或本质，就是生产相同或相似产品的企业及关联企业基于竞争与合作关系形成空间集聚现象的企业联合体。产业集聚是产业集群的重要特点。伴随陶瓷产业的集聚，陶瓷产业集群形成的必然结果，无论是自发形成的陶瓷产业集群，还是人为推动形成的陶瓷产业集群，都将伴随陶瓷产业资源要素的空间集中，包括与陶瓷产业相关的原材料供应、零配件与配套产品的制作与供应、销售渠道支持资源体系等。而陶瓷产业资源要素的空间集中，既是区域经济发展空间体系的自然资源、人口与劳动力资源、经济资源与社会基础设施资源等要素的重新组合过程，又影响着新的区域经济发展空间系统的形成与演化。

3. 陶瓷产业集群与区域经济发展的创新体系耦合

区域创新体系既存在于特定的区域经济发展空间，又通过创新资源的分配、创新成果的分享等途径，对产业集群的形成与发展产生显著的影响作用。陶瓷产业集群的形成，让生产相同或者相近产品的陶瓷企业聚集在特定的区域经济发展空间中。一是市场的排他性让它们形成相互竞争的关系。二是出于对生产与市场需求的相同或相似性，让它们很自然地产生合作创新需求，推动创新机构和创新资源的集中配置，增强创新合力。三是由于陶瓷产业集群内的企业地理位置接近，有利于它们的沟通与联系，从而对技术和市场整体把握更加准确，分散创新风险。四是集群企业的空间聚集有利于创新成果的传播、推广与扩散。陶瓷产业集群通过各种竞争合作创新，又将促进区域创新体系的发展与完善，进而影响区域经济的发展。

4. 陶瓷产业集群与区域经济发展的发展目标耦合

很多陶瓷产业集群的最初形成往往可能是一种自发的偶然选择结果，如广东佛山的建筑陶瓷产业集群的形成。但陶瓷产业集群一旦形成，众多生产相同或相似产品的企业、产业及关联产业会在特定的区域经济发展空间形成空间聚集现象，这些企业和产业的发展往往就会嵌入区域经济发展的各个方面，形成和区域经济发展空间网络相同或相似的结构，外在地显现出和区域经济发展系统相同或相近的制度、文化背景和发展目标，形成陶瓷产业集群发展的"路径依赖"现象。

两者通过这些耦合关系形成有机系统，并产生系统的涌现性。如图 3.2 所示。

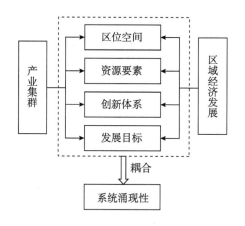

图 3.2 陶瓷产业集群与区域经济发展耦合模型

（二）陶瓷产业集群与区域经济发展耦合的动力

本部分运用系统动力学因果关系图分析方法，对陶瓷产业集群与区域经济发展的耦合机理进行分析。

1. 陶瓷产业集群与区域经济发展的区位空间耦合

陶瓷产业集群与区域经济发展的区位空间耦合主要包括三个方面：

（1）陶瓷产业集群的发展推进集群企业分工与合作，促进陶瓷产业集群的生产专业化，进而提高陶瓷产业集群的生产效率，促进区域经济的发展。同时，区域经济的发展所带来的吸引力有利于陶瓷产业集聚效应的进一步加强和产业集群发展程度的进一步提高：如此形成陶瓷产业集群与区域经济发展的互动。

（2）陶瓷产业集群的发展极大增强集群企业间的空间临近性，并因此极大节省企业间交易的寻找成本、信息成本、合约谈判与执行成本以及运输成本等空间交易成本，并因空间临近性增强企业间联系，从而减少了机会主义行为，进而提高陶瓷产业集群效益，促进区域经济发展，并通过区域经济的发展推进陶瓷产业集群的进一步发展。

（3）陶瓷产业集群的发展有利于形成和提升区域品牌效应，降低产品销售难度，如景德镇区域品牌对景德镇陶瓷产品的销售而言，无疑是一块金字招牌。由于产品销售难度的降低，将提高陶瓷产业集群收益，进而促进区域经济发展，并通过区域经济的发展推进陶瓷产业集群的进一步发展。

陶瓷产业集群与区域经济发展的区位空间耦合如图 3.3 所示。

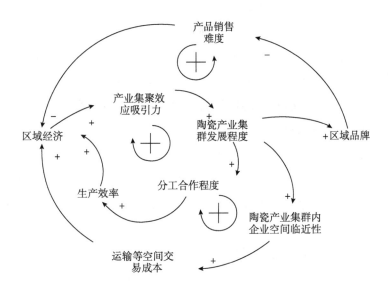

图 3.3　陶瓷产业集群与区域经济发展的区位耦合机理

2. 陶瓷产业集群与区域经济发展的资源要素耦合

陶瓷产业集群与区域经济发展的资源要素耦合主要体现在：陶瓷产业

集群发展形成促进区域经济发展的区域竞争优势，显现出一种强大的辐射—聚集效应，吸引众多资源要素的聚集，直接壮大和发展陶瓷产业集群，间接促进区域经济的发展。而区域经济的发展又将进一步放大这种辐射—聚集效应，促进陶瓷产业集群的发展。陶瓷产业集群发展的辐射—聚集效应是综合性、全方位的，具体来说包括以下几个方面：

（1）这种辐射—聚集效应吸引国内外投资者的注意。这些投资者被集群内企业所体现的强大竞争优势吸引，而大量进入陶瓷产业集群建立新企业。

（2）这种辐射—聚集效应吸引产业集群外的相关企业与支撑机构的经营管理者的注意。当他们发现集群内企业由于聚集效应而形成的特有竞争优势时，也会将其企业或机构设法迁入集群区域，从而陶瓷产业集群的相关企业和支撑机构不断发展壮大。另外，当集群内聚集了众多的企业、众多的劳动者后，这些企业的金融等相关服务配套需求及劳动者的饮食、住宿、教育等需求将吸引相关机构的进入。

（3）这种辐射—聚集效应促进陶瓷原材料及陶瓷产品专业市场的形成。由于集群内聚集了大量的陶瓷企业，为满足这些陶瓷企业的原材料与产品销售需求，将吸引众多的原材料供应厂商与产品销售企业进入产业集群，从而促进陶瓷原材料及陶瓷产品专业市场的形成。

（4）这种辐射—聚集效应吸引广大劳动者的注意。由于陶瓷产业集群聚集了大批的专业技术人才、专业知识和相关信息，从而集群内的专业技术人才都可以便利地进行自我评价，更容易地进行自我定位。还有对集群内任何一位拥有一定专业技术的劳动者而言，在其确保自己能容易地找到工作的前提下，他会愿意对具备集群产业特征的技术提升进行投资，强化其专业能力，从而促进集群企业劳动生产率的提高，进而进一步强化集群的这种辐射—聚集效应。

（5）这种辐射—聚集效应吸引和促进政府加大对陶瓷产业集群的基础设施建设，从而有利于产业集群的基础设施完善。

陶瓷产业集群与区域经济发展的资源要素耦合如图 3.4 所示。

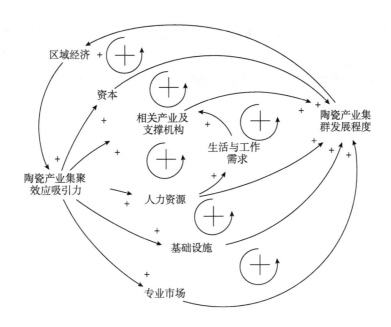

图 3.4　陶瓷产业集群与区域经济发展的资源要素耦合机理

3. 陶瓷产业集群与区域经济发展的创新体系耦合

陶瓷产业集群与区域经济发展的创新体系耦合内容主要包括三个方面：

（1）陶瓷产业集群的发展促进集群企业网络关系的形成和相互间学习成本的降低，从而促进集群企业的相互学习与集体学习，进而促进陶瓷产业集群整体创新能力的提高与创新成果的不断增加，最终有效地推动陶瓷产业集群生产效率的提高与区域经济的发展；并通过区域经济发展所形成的聚集效应吸引力促进陶瓷产业集群进一步发展。

（2）陶瓷产业集群的发展形成一种信息与知识的累积效应，这种效应促进创新成果的进一步增加和陶瓷产业集群创新能力的进一步提升，推动陶瓷产业集群生产效率的提高，进而促进区域经济的发展；并通过区域经济发展所形成的聚集效应吸引力促进陶瓷产业集群进一步发展。

（3）陶瓷产业集群的发展增强集群企业的空间临近性，企业间竞争压力的感受将更为直接，也容易促使它们产生攀比心理，从而增强集群企业的创新动力，促使后进企业模仿、赶超先进企业，先进企业为了保持竞争优势加强创新行为，进而有利于集群整体创新成果的增加，推动集群生产效率的提高，促进区域经济的发展；并通过区域经济发展产生聚集效应吸引力促进陶瓷产业集群发展。

陶瓷产业集群与区域经济发展的创新体系耦合如图 3.5 所示。

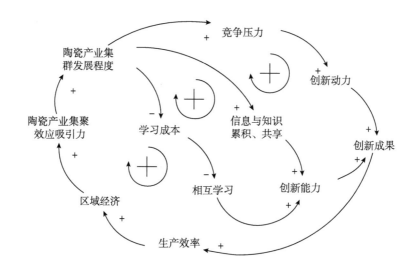

图 3.5　陶瓷产业集群与区域经济发展的创新体系耦合机理

4. 陶瓷产业集群与区域经济发展的目标耦合

陶瓷产业集群与区域经济发展的目标耦合，主要表现为伴随陶瓷产业集群的发展程度提高增进集群内企业在文化、价值观与发展目标等方面的一致程度，从而使企业间相互信任程度提高，这种基于社会网络信息基础上的产业集群合作分工可以减少企业之间的相互欺诈，对陶瓷产业集群维持稳定和提高生产效率起着非常重要的作用，推动区域经济的发展，并通过区域经济发展产生聚集效应吸引力促进陶瓷产业集群发展。

陶瓷产业集群与区域经济发展的目标耦合如图 3.6 所示。

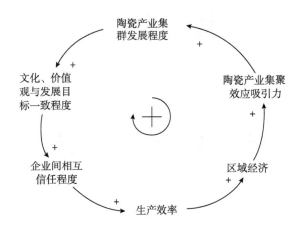

图 3.6　陶瓷产业集群与区域经济发展的目标耦合机理

综上所述，陶瓷产业集群与区域经济发展在区域空间、资源要素、创新体系与发展目标都存在紧密的耦合机理，如图 3.7 所示。正是在多方面的耦合下，陶瓷产业集群与区域经济发展相互促进、相互影响，互动发展。

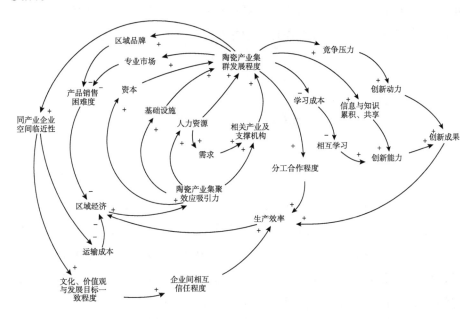

图 3.7　陶瓷产业集群与区域经济发展耦合机理综合示意图

第四章
陶瓷产业集群及其区域空间的识别

我国陶瓷产业总体呈现"大分散、小集中"的布局特征，历史演化、新兴技术的引入和国内外市场需求造就了一批具有地理集聚、配套完整和技术优势突出的生产基地。陶瓷产业与艺术、科技、互联网的融合，循环化、低碳化、清洁生产的绿色发展理念将引领行业发展新方向。本章首先对陶瓷产业发展进行了介绍；其次介绍了我国陶瓷产业集群的地区分布，详细论述了各产区的核心产业集群；再次分类型阐述我国各类陶瓷产业的区域分布；最后对我国陶瓷产业集群使用区位商理论进行了识别。

一、陶瓷产业发展概述

改革开放 40 多年来，我国经济取得巨大发展，年均国内生产总值增长率超过 9%。其中，制造业发展尤其迅速，推动我国成为名副其实的"世界工厂"。陶瓷产业作为制造业的重要组成部分，也取得了快速发展，我国已经成为世界范围内的陶瓷制造中心和陶瓷生产大国，陶瓷产品的年产量和出口量均达到世界首位（左和平，2016）。

（一）我国陶瓷产品出口和国际市场分析

图 4.1 显示了我国陶瓷产品出口金额变化情况。明显看出，在 2016 年之前，我国陶瓷产品的出口经历了快速增长和扩张期，其腾飞的时间点恰好是 2001 年中国正式加入世界贸易组织前后。尽管在这个过程中，陶瓷产品的出口增长经历了一些波动和不平稳，如 2008 年爆发的国际金融危机引发的外需动荡，但波动范围并不大。总体上，这个时期我国陶瓷产业的发展称得上日新月异，并迅速占领了国际陶瓷市场的巨大份额。回顾这段时期，我国陶瓷产品出口金额从 2001 年的 17 亿美元左右迅速攀升至 2015 年的 260 亿美元，增长超过 10 倍，但外需的持续扩大、生产的高涨热情和出口的快速膨胀却埋下了泡沫和隐忧。

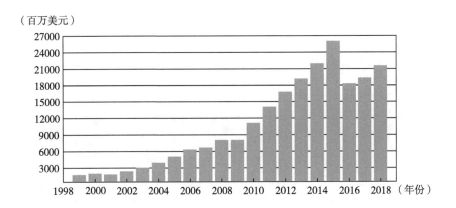

（百万美元）

图 4.1　我国陶瓷产品出口金额变化

资料来源：Wind。

2016 年，我国陶瓷出口金额陡然下降，下跌幅度超过 30%，引起陶瓷产业的巨大动荡。一大批规模较小、抗风险能力较弱、依赖外需的陶瓷生产企业面临资金链断裂和破产的风险。出现这次波动的主要原因是国内生产和竞争的盲目性、外需的疲软与反倾销调查的综合作用。第一，中国加入世界贸易组织后，利用生产要素、人力资源等综合成本优势，取得了国际贸易当中的比较优势，大量物美价廉的产品充斥国际市场。其中，陶瓷产品就是典型的例子。中国具有陶瓷生产的悠久历史和独特审美品位，其生产的大量卫生陶瓷、建筑陶瓷等深受西方消费者的欢迎。快速膨胀的国外需求使得国内的陶瓷生产和市场竞争变得盲目，已经无法看到外需接近顶点的事实。第二，自 2008 年金融危机发生以来，西方发达国家的经济复苏缓慢。尤其是欧洲国家作为陶瓷产品的重要消费国，其国内建设发展较为迟缓。需求增长的停滞如同国际陶瓷市场的天花板，限制了我国陶瓷产业发展的进一步扩大。第三，在中国陶瓷产品快速进入国际市场的过程中，对于中国陶瓷企业的反倾销调查从未停止。2015 年后，印度、墨西哥、哥伦比亚等国先后对我国生产的瓷砖开展了反倾销调查。外部的压力和不确定性增加也是导致我国陶瓷出口规模出现滑坡的主要原因。

图 4.2 显示了我国陶瓷产品出口价格指数变化情况，图 4.3 显示了我国陶瓷产品出口数量指数变化情况。

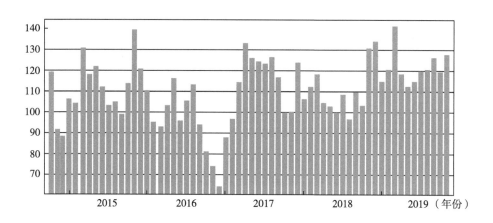

图 4.2　我国陶瓷产品出口价格指数变化

注：上年同月 = 100。

资料来源：Wind。

近 20 年来，我国陶瓷产业的平均发展速度远高于我国国内生产总值的平均增长速度，在我国国民经济各个行业中达到了中上水平，并逐步成

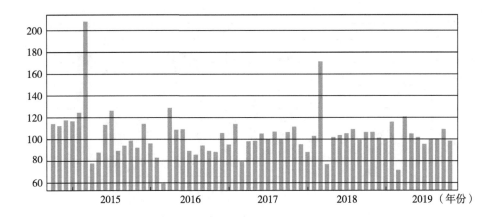

图4.3 我国陶瓷产品出口数量指数变化

注：上年同月＝100。

资料来源：Wind。

为维护国民经济健康稳定发展的重要产业。2014年以来，我国全面深化经济体制改革，中国经济进入新常态，经济增长速度由高速转为中高速增长，经济增长动力由依赖出口和投资驱动转向依赖消费驱动，经济增长方式从规模型粗放增长转向效率型集约增长。中国经济进入新常态后，转换经济增长动力，淘汰落后产能，实现经济高质量发展成为新的发展主题，创新、绿色、协调、开放、共享发展成为新的发展理念。陶瓷产业的发展面临诸如成本上升、环保压力大、反倾销等严峻挑战，陶瓷产业转型升级迫在眉睫。

图4.4显示了我国卫生陶瓷产品产量变化情况，生产规模在2011年左右到达了峰值，2013年短暂迈上1.9亿件后，无力跨越1.8亿件门槛，2016年的产量甚至下跌了1/3左右，勉强超过1.2亿件。国内陶瓷市场接近饱和。同时生产成本上升、资源浪费严重、创新能力不足、管理水平低下等问题接踵而至，共同威胁着陶瓷行业的未来发展前景。

着眼于近期，陶瓷产业的生产成本居高不下并未得到有效缓解。图4.5显示了我国陶瓷产品生产价格指数变化情况。2018年下半年，陶瓷产品生产价格指数有平缓的上涨过程，2019年初，由于春节，陶瓷产品生产

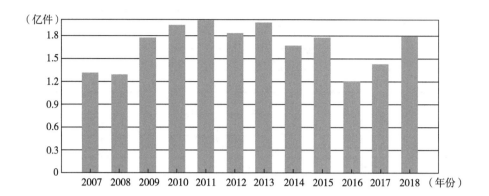

图 4.4　我国卫生陶瓷产品产量变化

资料来源：Wind。

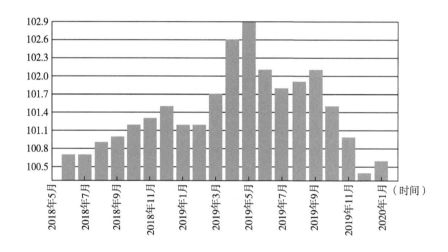

图 4.5　我国陶瓷产品生产价格指数变化

注：上年同月＝100。

资料来源：Wind。

价格指数显示出短暂的下行区间，随后便快速上升，并于 2019 年 5 月达到峰值，同比增长 3% 左右。此后，陶瓷产品生产价格指数始终处于高位，直到 2019 年末和 2020 年初，由于季节性因素和新冠肺炎疫情等不可抗因素，陶瓷产品生产价格指数再次回归低位。

一般来讲，生产价格指数同消费价格指数具有同步的变动趋势，陶瓷产品的生产成本过高难免转嫁到消费市场。陶瓷产业生产成本过高主要有生产要素价格上涨、运输成本高涨、竞争加剧等方面的原因。第一，由于陶瓷产业的生产加工需要在高温下进行，对于燃煤、燃气等能源的依赖很强，能源价格上升、"煤改气"等均会增加企业生产的成本压力。第二，运输成本增加。陶瓷产品欲销往国内和国外两个市场，运输成本进一步蚕食企业的利润空间。普遍来说，运输成本几乎能够占到整个成本结构的30%。第三，竞争无序并趋向白热化。成本高涨导致陶瓷企业效益大幅下滑，但激烈的市场竞争剥夺了企业的涨价空间。整个产业链条上的企业不得不采用节能生产等方式，期望消化能源价格上涨导致的成本压力。

总而言之，陶瓷产品生产行业中的大部分企业仍然处于微笑曲线上的低谷部分，企业盈利能力并不充裕。一个产业内的大部分企业长期处于无法盈利或盈利微薄的情况下，是危险和不可持续的。无法盈利的企业没有能力进一步投入研发并提高创新能力，也无力大幅度提高产品的质量。要彻底改善这一局面，唯一的办法是促进产业转型升级，提升产品的质量标准，增添产品的附加内涵和品牌内涵，淘汰一部分能耗大、产品质量低的企业，促进产业的有序集中，通过增加投资、科学管理等方式提升陶瓷产业的可持续经营和盈利能力。

图4.6显示我国陶瓷制造固定资产投资完成额变化情况。能够发现，2003年以来，我国陶瓷产业投资的变化趋势同陶瓷产品出口的变化趋势保持了高度的同步，都经历了10年左右的快速增长期。然而不同的是，陶瓷出口自经历了2016年的震荡后便始终未能突破峰值水平。而陶瓷制造产业的固定资产投资在2015年出现短暂的下滑后很快就再次迈上千亿元台阶。这显示了我国陶瓷产业的发展仍然具有较大的回旋余地和增长潜力，投资的增长如果能够有效地促进行业的创新能力和质量提升，便能有力地推动陶瓷产业实现高质量发展。

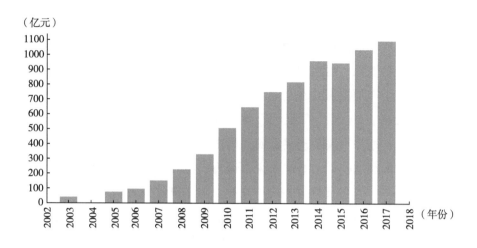

图4.6 我国陶瓷制造固定资产投资完成额变化

资料来源：Wind。

（二）陶瓷产业国内分布情况

陶瓷产业在我国的分布具有特殊的空间结构，这种特征的形成是由历史、区位条件、资源要素分布等多方面因素综合作用形成的。首先是历史因素，我国具有悠久的产瓷历史，在漫长的陶瓷生产过程中，诞生了如景德镇等陶瓷名镇和陶瓷名城。其次是资源因素，陶瓷生产需要大量的人力物力。例如，华北平原人力资源丰富，淄博、唐山等城市在中华人民共和国成立后，陶瓷工业成长很快，逐渐成为我国陶瓷产业的主要产区之一。最后是市场因素，我国生产的陶瓷产品深受国际消费者的喜爱，自我国正式加入世界贸易组织后，满足国外消费者的需求成为了驱动我国陶瓷产业发展的重要动力来源，佛山、泉州等城市由于靠近海上运输通道，成为第一批打开外国市场大门的中国陶瓷产区。综上所述，只有借助大量的数据挖掘和数据分析，才能够科学和准确地掌握我国陶瓷产业分布的全貌。

1. 陶瓷产业企业分布

普遍来看，我国的陶瓷产业仍然难以彻底离开夕阳产业的范畴。尤其是近年来，陶瓷产业面临着转型升级的压力，大批生产效率和资源利用率低下、环境破坏严重、不具备盈利能力或资金链脆弱的企业相继破产。由于陶瓷行业的整合变化较大，官方统计数据具有的时滞性对准确了解陶瓷行业的现状很不利。因此，本书采用大数据的手段和方法，获取更加准确、颗粒度更高的相关数据。陶瓷名录①以中国陶瓷工业协会为依托，汇集海量陶瓷企业数据资源，按照企业类型、生产模式、主要产品等对企业进行精准分类和数据整合，是了解陶瓷产业和相关企业的首选平台。

我国具有两大主要的陶瓷企业汇聚区域，分别以河北、山东、河南、江苏四省以及广东、福建、江西、湖南四省为主要组成地区，为了方便，可以分别称为冀鲁豫苏陶瓷产业聚集带和粤闽湘赣陶瓷产业聚集带。其中，前者以华北平原为依托，借助人力和资源优势发展了唐山、邯郸、淄博、临沂、宜兴等一大批陶瓷产业大市；而后者以南岭和武夷山地带为依托，既有景德镇、醴陵等陶瓷古镇和陶瓷名城，也有佛山、潮州、德化等具有明显外向型陶瓷经济发展特征的重要城市。需要注意的是，这里所说的陶瓷产业聚集带并不是陶瓷产业集群。由于每一个陶瓷企业汇聚区域的地理空间过于庞大，同一个汇聚区域内的企业之间并不一定能够有效地开展信息交流和合作，不具备陶瓷产业集群的典型特征，这仅仅是为了分析国内陶瓷企业分布而引出的一个较为宏观的概念而已。围绕着两大陶瓷产业聚集带，仍然存在如浙江、湖北、安徽、山西、辽宁、四川等若干具有相当规模陶瓷产业的省份地区。至于广袤的西北内陆和黑龙江、海南等少数地区，由于较为特殊的地理位置和其他因素，并不是陶瓷产品的主要产区。

2. 陶瓷产业资产分布

由于我国幅员辽阔、资源差异巨大等因素，各个地区的陶瓷产业发展轨迹、市场导向和资本密度等各不相同。本书收集国家统计局公布的有关数据，分析判断我国陶瓷产业的资产分布同企业分布之间是否具有某种差别。资产数据的相关统计工作是一项非常复杂的系统性工作，最新的数据公布仅截至 2015 年。

---

① 官方网址：http://cd.ccia086.com/。

从 2015 年前 10 个月我国陶瓷产品制造产业资产的分布情况来分析（见表 4.1），全国陶瓷产品制造产业资产总计为 2231.85 亿元。其中广东、江西、山东、湖南、河南排在前五位，上述 5 省陶瓷制造产业资产均已超过或接近 200 亿元，占我国陶瓷产品制造产业总资产的 2/3，加上福建、江苏、河北、浙江、湖北 5 省的资产，合计可以达到我国陶瓷产品制造产业总资产的 90% 左右；广东是我国陶瓷行业的最大产区，其陶瓷制造产业的资产规模最大，占全国总资产的 16.46%，江西、山东和湖南的资产总计都在 300 亿元左右，分别达到 13.93%、13.80% 和 13.20%，以上 4 省总资产占比超过全国的一半。

表 4.1　2015 年前 10 个月陶瓷产品制造产业资产区域分布情况

序号	地区	资产总计（亿元）	占全国比重（%）	序号	地区	资产总计（亿元）	占全国比重（%）
1	广东	367.43	16.46	15	重庆	21.38	0.96
2	江西	310.97	13.93	16	山西	21.07	0.94
3	山东	307.90	13.80	17	四川	20.73	0.93
4	湖南	294.55	13.20	18	陕西	8.11	0.36
5	河南	197.04	8.83	19	内蒙古	8.06	0.36
6	福建	139.73	6.26	20	北京	7.18	0.32
7	江苏	137.92	6.18	21	天津	5.04	0.23
8	河北	106.10	4.75	22	黑龙江	4.93	0.22
9	浙江	61.96	2.78	23	云南	3.06	0.14
10	湖北	51.61	2.31	24	青海	2.59	0.12
11	上海	49.23	2.21	25	贵州	2.56	0.11
12	广西	48.51	2.17	26	吉林	0.32	0.01
13	辽宁	28.48	1.28	27	甘肃	0.32	0.01
14	安徽	25.07	1.12	合计		2231.85	

表 4.1 反映的内容同本书先前对于陶瓷产业企业分布的分析是一致的。这充分表明：第一，互联网大数据所反映的我国陶瓷产业的地理分布

特征与国家统计数据所反映的地理分布特征是一致的，证明互联网大数据和国家统计数据能够有效地相互验证和比较。第二，近 5 年来，我国陶瓷产业的分布情况没有出现较大的变化，这符合对于陶瓷产业近年来发展的认识。第三，冀鲁豫苏陶瓷产业聚集带和粤闽湘赣陶瓷产业聚集带无论是从聚集程度还是资产规模上看，都是我国最大的两个陶瓷产业聚集带。相比之下，后者的资本密度更大，资产合计能够占到全国的一半左右，而前者的资产合计能够占到 1/3。这充分显示，粤闽湘赣陶瓷产业聚集带的发展规模更大、成熟度更高，也有更加强大和充裕的资本促进陶瓷产业的创新升级和高质量发展。

3. 卫生陶瓷产业产量分布

陶瓷产业产量分布同企业分布和资产分布大体一致，根据陶瓷产品门类的不同而略有差别。以卫生陶瓷为例，图 4.7 显示了 2018 年全国各个主要陶瓷生产省份所生产卫生陶瓷产量的情况。其中，河南全年卫生陶瓷产量接近 4.7 亿件，占到全国产量的 37%；广东全年卫生陶瓷产量达到 2.7 亿件，占到全国产量的 22%；河北全年卫生陶瓷产量接近 1.7 亿件，占到全国产量的 13%。上述 3 省是全国 2018 年生产卫生陶瓷最多的地区，合计共占到全国产量的 70% 以上。卫生陶瓷生产的前八强省份名单与前述的两大陶瓷产业聚集带内的八大陶瓷生产省份名单略有出入，即湖北位列 2018 年全国卫生陶瓷生产的前八强省份名单中，而山东 2018 年仅生产卫生陶瓷 1200 万余件，占比不足 1%，位居前十名之外。由于数据完整性和篇幅限制，这里仅仅以卫生陶瓷为例，而日用陶瓷、特种陶瓷和园林陶瓷等门类产品的生产情况与之相比，并没有过大的差别，故不再赘述。

4. 陶瓷产业劳动力需求分布

中国经济进入新常态后，陶瓷产业经历了较大规模的发展、融合和变迁。其中，劳动力市场的需求变化较为明显。本书借助互联网大数据手段，准确获取陶瓷产业劳动力需求的第一手资料。百度百聘①是百度旗下的

---

① 官方网址：https：//zhaopin.baidu.com/。

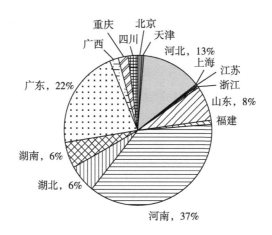

图 4.7　2018 年我国卫生陶瓷产业产量分布

一个垂直招聘搜索引擎，已有数百家招聘网站加入百度百聘，包括目前市场占有率较高的、深受求职者欢迎的赶集网、58 同城、猎聘网、BOSS 直聘、前程无忧、中华英才网、应届生求职网等。利用百度百聘提供的大数据求职信息，获取了以"陶瓷"、"陶瓷工艺"、"陶瓷设计"、"陶瓷技术"、"陶瓷销售"等关键词为线索、地级市为基本单位的陶瓷产业劳动力需求数据，整理我国陶瓷产业劳动力需求分布。

　　劳动力需求排名前十的城市分别为佛山、泉州、景德镇、唐山、淄博、石家庄、广州、深圳、北京、上海。其中，前五个城市为重要的陶瓷产区，后五个城市由于经济实力强且与陶瓷产区毗邻，主要发挥与陶瓷产业相关的服务功能。各个地级市的劳动力需求数据和地级市之间的区位关系，能够展现更加细致和准确的劳动力需求分布情况。通过分析发现，"粤闽湘赣陶瓷产业聚集带"实际上是由四个相互分散的核心地带共同组成，而这四个核心地带分别以佛山和广州、株洲和长沙、泉州和厦门以及景德镇为中心。前三个核心地带的组合特征较为明显，是由主产区城市和临近省会城市或副省级城市相联动，主产区城市以陶瓷生产和加工为主，临近经济强市以陶瓷产品附加的服务型经济为主，包括创意、销售、物流等。这种组合可以充分发挥双方的互补性优势。与之相比，以景德镇为中心的核心地带并未形成这种明显的结构。这是由于，佛山和广州、株洲和长沙、泉州和厦门之间的距离都不超过 100 千米，而景德镇与江西省经济中心南昌市的距离相对较远，削弱了这种联动的活力。以华北平原为依托的冀鲁豫苏陶瓷产业聚集带在劳动力需求分布方面相对更加均匀。除此之外，还能明显分辨以沈阳为中心和以成渝地区为中心的两个劳动力需求"末梢"。由于固定资产投资的持续增长，我国陶瓷产业有碎片化发展的趋势。目前除了西藏外，几乎所有省份都新建了陶瓷产能，其中沈阳法库产区成为我国传统六大陶瓷产区之外最大的新产区之一。

（三）陶瓷企业经营情况

1. 陶瓷企业盈利能力

近年来，我国陶瓷企业的经营情况略显不佳。图 4.8 显示了我国陶瓷产业利润总额变化情况。其中，2003~2010 年，陶瓷制造企业的利润总额始终维持在低位，起伏和增长都并不明显。但同时期，我国陶瓷产量和陶瓷出口均呈现明显的上涨趋势。这说明我国加入世界贸易组织的头 10 年，国内陶瓷企业的产能尽管取得了大幅度提升，但陶瓷企业的盈利能力明显不足。

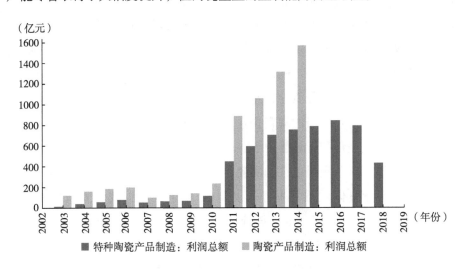

图 4.8　我国陶瓷企业利润总额变化

注：由于统计数据具有滞后性，我国陶瓷制品制造的最新数据发布截止时间为 2014 年。

资料来源：Wind。

2011~2014 年，陶瓷制造企业的利润总额以年均超过 10% 的增幅向上跃升。并在 2014 年左右超过了 1500 亿元。这个时期的利润增长主要来源于 2008 年和 2009 年世界性经济危机爆发之后，我国为了刺激经济，采取了积极的财政政策，其中"四万亿"投资计划有效地推动了建筑行业的巨大发展。陶瓷企业的兴衰同建筑行业的发展息息相关，建筑陶瓷、特种陶瓷甚至卫生陶瓷的主要需求均直接或间接地来自建筑工程项目。图 4.8 显示，这个时期，特种陶瓷产品生产企业的利润一路攀升，在 2016 年达到峰值，总额超过了 800 亿元。由于统计数据的滞后性，陶瓷产品制造的最新数据发布截至 2014 年。但通过特种陶瓷产业和整个陶瓷产业的发展协同性能够预测，2016 年后，陶瓷产品制造企业的利润总额均有明显下滑，整个产业都面临着经营困难的局面。继续推进供给侧结构性改革，实现产业高质量发展，成为摆在所有陶瓷生产企业面前的重要任务。

2. 陶瓷企业亏损情况

随着近年来国内经济增速下行压力增加以及供给侧结构性改革的要求，陶瓷行业作为传统制造业的重要分支，面临着大规模亏损和行业重新洗牌的局面。其中，最明显的压力来自产能过剩以及环保要求。

图 4.9 显示了我国陶瓷产业亏损企业变化情况。2007~2010 年，我国陶瓷产能处于快速扩张期，同期，陶瓷产品制造亏损企业在绝对数量上并不多。2011~2015 年，尽管全国范围内陶瓷产品制造企业的利润总额快速增加，但经营不善和亏损的陶瓷企业屡见不鲜。这一时期，我国陶瓷企业规模大小不一，经营和管理能力参差不齐，恶性竞争和无序竞争的情况比较常见。例如，广东潮州地区的陶瓷企业普遍规模较小，实力较弱，生产成本较高，行业整体效益并不好。仅 2015 年下半年，我国亏损的陶瓷企业数量就超过了 1000 家。由于统计数据具有滞后性，我国陶瓷企业亏损数据的发布仅截至 2015 年。2018 年，国家统计局开始发布特种陶瓷产品制造企业的亏损数据，从目前发布的三个半年期数据来看，特种陶瓷制造业亏损情况呈现逐年递增趋势，这与本书的认识一致。当产业结构调整加速期与国内消费升级、品牌建设的关键期相叠加时，对于整个陶瓷产业的

整合、变革与提升都既是挑战也是机会。

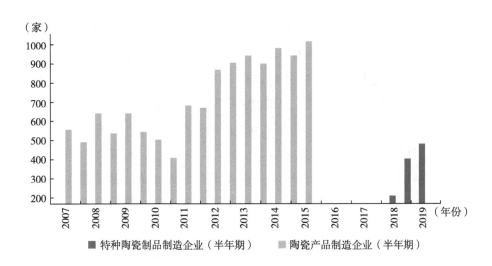

图4.9　我国陶瓷产业亏损企业变化

注：由于统计数据具有滞后性，我国陶瓷企业亏损数据的发布截止时间为2015年。2018年后，国家统计局开始发布特种陶瓷制品制造企业的亏损数据。

资料来源：Wind。

二、陶瓷产业集群地区分布

由于历史发展、地理位置和自然资源等多种因素影响，我国陶瓷产业的地理位置相对集中，其中广东产区、江西产区、山东产区、湖南产区的销售占比超过全国陶瓷产业总销售额的70%。而在各大产区中又存在核心产业集群，它们彰显地区实力和特色，成为产区的区域品牌代表，是我国陶瓷产业及各产区的中坚力量。

（一）广东产区——佛山陶瓷产业集群

广东陶瓷产区主要集中在佛山、潮州等地区。其中佛山以生产建筑陶瓷为主，潮州以生产日用陶瓷为主，陶瓷产值近 2000 亿元，陶瓷生产线超过 1000 条，建筑陶瓷产量曾经达到全球的 30% 以上，后由于广东实施大规模的陶瓷产业转移政策，产值有所下降。佛山的南庄镇号称中国建筑陶瓷第一镇，佛山陶瓷产业集群成为广东陶瓷产业发展的领军者（朱卫平和陈林，2011）。

佛山陶瓷产业发展源于石湾，最早可追溯到唐代，明清进入鼎盛时期，具有"南国陶都"、"石湾瓦，甲天下"等美誉，当地盛产各种陶瓷瓦、日用陶瓷、工艺园林陶瓷等，不过产业发展长期停留于手工制作和传统烧制。改革开放以后，佛山陶瓷产业进入快速发展阶段，成为全国最大的陶瓷产业基地，涵盖了建筑卫生陶瓷、工艺陶瓷、工业陶瓷等多个领域，拥有一批在全国乃至全球有影响力的企业。在产业发展初期，佛山陶瓷产业发展的资源条件、人才储备、配套环境等方面不如景德镇、德化等传统的陶瓷基地，但由于大胆引进国外先进的生产线，用很短时间实现了从手工制陶转向大规模的标准化流水线生产，从而用较低成本迅速占领了国内外市场。另外，在快速增长的国内外市场需求带动下，一批具有市场先知先觉的企业家奋不顾身地加入到行业创业大军中，突破传统的生产工艺和市场运作方式，通过练就应对国际市场变化的快速反应能力，实现了产业发展原始资本积累。同时，越来越多的企业通过承接国际产业转移和国外订单的方式实现产业技术升级和品牌推广，涌现出一批综合优势较强的行业领军企业，如鹰牌、东鹏、新中源、新明珠、蒙娜丽莎等知名企业。

20 世纪 80 年代以来，佛山陶瓷产业集群走过了从技术引进、技术升级到产业对外扩张的道路。改革开放初期，广东佛山陶瓷集团从意大利引进了第一条现代卫生陶瓷生产线，成为产业集群发展的"引爆点"。这家国有企业不仅为当地带来先进技术的"种子"，同时培养了一大批的专业技术人才。由于 80 年代建筑卫生陶瓷行业发展正处于市场切入阶段，国内市场出现供不应求的局面；同时，在佛山陶瓷集团的带动下，一大批民营企业积极进入到这个行业中，有些企业家甚至将压砖机比喻为"摇钱树"。90 年代，佛山陶瓷产业呈现"星星之火燎原态势"，从石湾向周边乡镇迅速蔓延，中小企业成为行业的主力甚至出现村村点火、户户冒烟的情形，建筑卫生陶瓷市场很快进入饱和阶段，产品价格明显下降。在此阶段，大大小小的专业市场开始出现，外销市场不断扩大，许多市场意识较强、技术和品牌优势的企业专门从事订单生产，直接对接欧、美、日等发达国家或地区的市场。在激烈的市场竞争下，部分企业大胆创新，研发出低成本的设备和生产工艺，推动了行业技术革新。到 21 世纪初，佛山陶瓷产业开始从数量扩张向质量升级的跃迁，陶瓷设备、陶瓷设计、陶瓷物流、陶瓷商贸等相关配套产业迅猛发展，上下游产业链更加完整，陶瓷产业集群日趋发展成熟，行业协会作为中介组织发挥着技术推广、市场开拓、项目融资等作用。2008 年，国际金融危机发生以后，佛山外向型的陶瓷企业深受冲击，许多企业开始转向国内市场，在中西部地区设立生产基地，大力实施流水线自动化改造、大型先进设备、自主品牌、电子商务、个性化定制等升级举措。

（二）江西产区——景德镇陶瓷产业集群

江西陶瓷产区历史悠久，景德镇陶瓷产区为其代表，但随着改革开放的不断发展，以及广东的陶瓷产业转移政策，江西其他地区陶瓷产业发展也较迅速，其中景德镇陶瓷产区以艺术瓷、日用陶瓷为代表，高安、丰城、萍乡的建筑陶瓷、日用陶瓷、工业陶瓷发展较快。

景德镇瓷器开始于东汉时期，经过上千年的不断演化，精美绝伦的瓷器享誉全世界，所以自古便有"瓷都"的美誉。历史源远流长的景德镇瓷器的生产至清朝达到历史顶峰。景德镇生产的绚丽多彩的名贵瓷器沿着陆上"丝绸之路"、海上"陶瓷之路""行于九域，施及外洋"，为弘扬中华历史文化艺术及经贸往来做出巨大贡献，对世界文化进步与发展发挥积极作用。改革开放之后，景德镇陶瓷产业招商引资成果丰硕，不断组织企业参加外来招商活动，如广州国际采购中心景德镇市招商招展会、成都品牌陶瓷购物广场招商发布会、南京跨国零售集团采购会、京东商城电子商务招商会等，积极配合做好名坊园第一批手工制作陶瓷企业的签约落户工作。

（三）山东产区——淄博陶瓷产业集群

山东陶瓷产区主要分布在淄博和临沂，淄博号称北方瓷都，其陶瓷产量占全省陶瓷生产的一半以上，陶瓷企业近千家，主要生产日用陶瓷和建筑陶瓷（李志刚等，2013；李海波和李苗苗，2016）。

淄博陶瓷生产历史久远，大汶口文化时期就开始从事陶器生产，虽经过跌宕起伏的历史长河，但始终没有彻底绝迹。20 世纪 80 年代，淄博陶瓷产业迎来历史发展新机遇，新技术、新工艺和新设备的推广和使用促使行业走出低谷、恢复生机。液压成型、快速干燥、重油烧成、辊道烤花等工艺装备投入使用，使得一些工序可以摆脱传统手工加工的束缚，开启自动化流水线作业，这标志着行业进入大规模的标准化生产阶段。而滑石瓷、色瓷、硬质陶、高频瓷、压电陶瓷等日用细瓷和技术陶瓷以及无苯金水、多种颜色釉等新型装饰材料的研制成功和刻瓷、彩釉绘画等装饰方法的引入又将其产业发展推向新的高度。到 1987 年，17 家市属及以上国有企业和 50 多家区属或乡属村办企业成为行业发展的主力军，这些企业涉足原料矿采选、专用设备生产、工艺设计、包装涂装、研发试验、人才培养等环节，初具产业集群发展的基本条件。山东省陶瓷公司作为集群龙头企业扮演着技术创新引领与传播的主导者角色。改革开放初期，山东省陶瓷公司利用企业改革契机，坚持以名优产品为重点、以骨干企业为依托、以技术开发和推广为纽带，推动跨所有制、跨地区、跨行业的横向联合，组建了各种利益关联的企业联合体，奠定了产业集群的最终组织形式，带动一大批中小企业快速成长。

20 世纪 90 年代，淄博陶瓷产业集群进入市场网络延伸、产业链延伸和创新链延伸的大发展阶段。许多企业积极开拓海外市场，将注意力转向国外订单，从中赚取外汇。在以工促商理念的引导下，数十家陶瓷生产企业开办了各类三产下属单位，将产业链延伸至陶瓷相关服务环节，如专业市场、物流、外观设计等。此外，山东省陶瓷公司仍然扮演着行业创新者的角色，省硅酸盐研究设计院、淄博陶瓷机械厂等单位先后完成了一批国家和省部级攻关项目，填补了多项国内空白，解决了制约陶瓷产业的颜料、设备、工艺等方面的难题。随着企业改制，一大批区属或乡镇村办企业通过改制转为股份制或私营企业，激发了市场活力。山东省陶瓷公司成立了多家中外合资或合营企业，山东陶瓷联合总公司在美国设立首家境外企业。此外，山东省陶瓷公司开始探索企业租赁经营的改革，将连年亏损的淄川陶瓷厂交由华光陶瓷公司租赁经营，这不仅有利于这家老国企脱困，而且帮助了民营企业实现原始的技术积累，为华光集团日后成为行业龙头企业奠定了坚实的基础。1995 年，山东陶瓷工业协会成立，吸纳了一批陶瓷行业企业会员，带领行业从野蛮生长走向有序组织。

　　21 世纪初，淄博市陶瓷产业集群进入脱胎换骨的发展阶段。国有企业和科研单位转制，省硅酸盐研究设计院转为企业，成立了山东硅苑新材料科技股份有限公司。企业进园区发展开始出现，博山私营陶瓷工业园区、旭硝子工业园等专业园区建成，吸引数十家民营企业入驻。山东淄博华光陶瓷股份有限公司、淄博工陶耐火材料有限公司、山东硅苑新材料科技股份有限公司三大行业核心企业成为集群领军型企业。陶瓷与艺术、科技、金融的融合是淄博传统陶瓷升级转型的主攻方向，山东陶瓷工业协会民间陶瓷文化研究会、艺海阁陶瓷艺术发展中心等专业机构和组织纷纷成立，带动了陶瓷艺术品步入正轨。同时，由山东省工业陶瓷研究设计院、山东硅苑新材料科技股份有限公司和山东理工大学共同组建的国家工业陶瓷材料工程技术研究中心成立，标志着淄博市工业陶瓷技术创新占据国内领先地位。国际金融危机发生以后，尽管出口受到了冲击，但由于企业市场切换及时，许多中小企业迅速发展起来，逐渐有了"淄博陶瓷·当代国窑"的美誉。

（四）湖南产区——醴陵陶瓷产业集群

湖南陶瓷产区主要集中在醴陵，醴陵号称五彩瓷都，主要生产日用陶瓷、建筑陶瓷、工艺陶瓷、电瓷、新型陶瓷五大系列，成为中部地区发展比较迅速的陶瓷产区，正在朝着打造千亿产业集群的目标布局。

醴陵陶瓷生产历史悠久。商周时期已制陶，东汉时，形成规模化的陶器生产。1729 年，醴陵开始生产粗瓷，实现由陶器到瓷器生产的重大进步。1904 年，清政府官员熊希龄在醴陵创办湖南瓷业学堂和湖南瓷业公司，生产细瓷。此后，在不断创新和尝试下，在传统青花的基础上生产出独具特色的釉下五彩瓷，并屡获国际大奖，醴陵陶瓷开始名扬国内外。但受多次战乱的影响，湖南瓷业公司于 1930 年倒闭，醴陵瓷器的生产由此中断。

中华人民共和国成立后，醴陵陶瓷恢复生产，失传已久的釉下五彩陶瓷生产得到恢复。一些专业性的陶瓷研究机构如湖南陶瓷研究所等得以建立，对釉下五彩装饰进行专门研究和生产。这一时期，醴陵陶瓷实现了机械化生产，陶瓷材料、生产工艺、陶瓷燃料均取得了重大突破，还作为"国瓷"赠送给国外元首，具有较强的影响力。

改革开放后，非公有制经济占据主导地位，国有陶瓷企业逐渐退出市场。这一时期陶瓷产品结构丰富，由单一日用瓷向工业瓷、特种瓷、建筑陶瓷等多类型转变。在市场激励和政府扶持下，醴陵陶瓷产业得到了长足的发展。2003 年，醴陵陶瓷产业被确定为湖南十大标志性产业之一，2006年被列入全省 50 个支持优先发展的重点产业集群，2010 年被列入全省"四千工程"范畴。2013 年醴陵获评湖南首批特色县域经济重点县，陶瓷产业获得"3 年 3 个亿"的资金和政策扶持。目前，醴陵陶瓷产业正朝着成为众多企业聚集、容纳大量劳动力就业、产品品种丰富、产值利税双增长的千亿陶瓷产业集群进军，成为中部地区颇具发展潜力的陶瓷产业集群。

（五）其他产区

河北陶瓷产区主要集中在唐山，唐山的卫生陶瓷以骨质瓷、地砖为主要代表。福建陶瓷产区主要集中在德化、晋江和闽清，其中德化是全国最大的西洋工艺瓷生产出口基地，建筑陶瓷是晋江的支柱产业。江苏陶瓷产区集中在宜兴，宜兴紫砂闻名遐迩。湖北陶瓷产区主要集中在宜昌，以建筑陶瓷为主。还有四川夹江、辽宁法库、广西北流、陕西阳城等地均有着较大规模的陶瓷生产。

三、各类型陶瓷产业集群区域空间布局

我国制陶历史非常久远，陶瓷已成为文明古国的历史符号和民族瑰宝。相应地，地方化的制陶工艺文化世代相传，景德镇、宜兴、德化等地都成为我国最具代表性的特色陶瓷生产基地，当地陶瓷产业集群发展比较成熟。同时，我国还有许多地方虽然制陶文化并不厚重，但通过承接国际国内产业转移的机会壮大发展了建筑陶瓷、卫生陶瓷、日用陶瓷、工业陶瓷、园艺陶瓷等产业，形成地方化强、配套设施相对完善、协作分工紧密的陶瓷产业集群，如佛山和泉州的建筑卫生陶瓷产业集群。尽管产业集群的出现和兴起的原因是复杂的，但经济学家 Krugman（1992）教授曾经精辟地指出，产业集聚的出现具有历史偶然的因素。例如一些先吃螃蟹的企业家的致富故事深深地吸引了更多人加入到这个行业创业，导致当地产业规模迅猛增长，类似的故事几乎每天都在华夏大地上演。

（一）建筑陶瓷产业集群区域分布

我国建筑陶瓷产业集群空间分布总体呈现"大集聚、小分散"的特征，即规模较大的产业集群高度集中在少数几个城市，而规模较小的企业分布零星。通过对 2019 年 1600 家规模以上企业空间分布调查，广东的佛山、肇庆、江门、清远、云浮，福建的泉州、福州，山东的临沂、淄博，江西的宜春，四川的乐山、眉山，辽宁的沈阳，河北的石家庄，湖北的宜昌等城市都分布着规模较大的产业集群（见图4.10）。这些集群存在着一些共同的特点：第一，产业集群无论是产值规模还是企业个体规模都较大，如广东佛山集中分布了242家主营业务收入超过2000万元的规模以上工业企业，有12家企业就业人员超过1000人，其中1家企业就业人员超过2000人。第二，产业集群发展条件相对完善。围绕建筑陶瓷的上下游产业链配套比较完善，从原料供应、生产加工、物流配送到研发设计、市场销售相对比较齐全。第三，产业集群发展对市场变化敏感度很高。广东、福建、山东等地的建筑陶瓷产业集群有相当大比重的产品主要满足海外市场，而内地的建筑陶瓷产业集群生产则主要是面向国内市场。第四，要素成本和生态环境约束是推动产业集群转移升级的关键动力。随着要素成本快速上涨，我国建筑陶瓷产业集群跨地转移布局的趋势明显，江西、河南、安徽、湖北等省份成为建筑陶瓷产业集群的承接地。

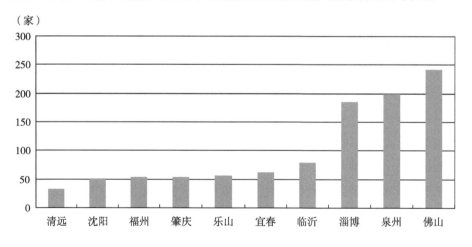

（家）

图4.10　2019年建筑陶瓷产业集群的地区分布

注：统计范围为主营业务收入2000万元以上的企业数。

资料来源：数据中华。

（二）卫生陶瓷产业集群区域分布

我国卫生陶瓷产业集群高度集中在东部沿海地区特别是珠三角和长三

角，中西部部分省区也有分布，但企业数量较少。通过对 2019 年 1794 家行业企业地址进行深入调查，广东的潮州、佛山、中山，河北的唐山，浙江的杭州、台州、温州、绍兴，上海，河南的许昌、福建的泉州、厦门，四川的成都，重庆等城市分布着规模不等的产业集群（见图 4.11）。其中，潮州和佛山是我国卫生陶瓷企业分布最集中的城市。这些集群发展都有相对较好的基础，主要特点表现为：第一，产业集群不同规模的企业数量众多，中小企业扮演着主体角色，如广东的潮州，仅有企业 611 家，其中仅 61 家为规模以上的企业，85% 以上企业的主营业务收入少于 1000 万元。第二，产业集群体系比较完整。卫生陶瓷的上下游产业链协作比较健全，服务市场导向的营销网络发达，品牌建设受到重视，与国际知名卫浴企业合作增多。第三，产业集群发展受房地产市场影响较大。广东、河北、福建、河南等地的卫生陶瓷产业集群生产的产品主要满足国内和发展中国家市场，与欧美日同类产品形成差异化市场竞争，具有较强的价格竞争优势。第四，要素成本、环境保护和消费市场多样化需求倒逼了产业集群转型升级。随着劳动成本快速上涨，我国卫生陶瓷流水线作业的

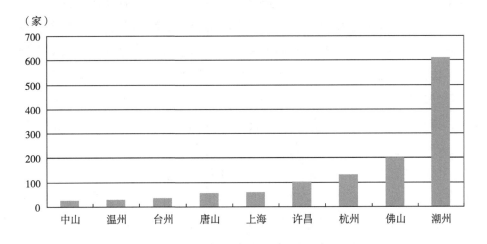

图 4.11　2019 年我国卫生陶瓷产业集群的地区分布

注：统计范围为主营业务收入 100 万元以上的企业数。

资料来源：数据中华。

生产方式遭遇严峻的考验，有些企业"闻风而动"，开始到东南亚甚至非洲开辟新的生产基地。同时，随着智能家居消费理念的普及，越来越多的企业开发更智能、更舒适、更美观、更节水的高端产品，逐步缩小同国外同行的差距。

（三）工业陶瓷产业集群区域分布

我国工业陶瓷产业集群在东部和中部地区均有分布，呈现高度集聚化的趋势。通过对 2019 年 2281 家行业企业地址进行细致分析后可以发现，江西的萍乡、景德镇，湖南的株洲、娄底，江苏的无锡、苏州，山东的淄博，福建的福州，上海等城市都是工业陶瓷集群主要分布地区（见图4.12）。其中，萍乡和无锡是我国工业陶瓷企业分布较为集中的城市。这些集群发展有相对较好的基础，主要特点是：第一，产业集群都是数量众多、个头不大的企业聚合体，以江西萍乡为例，各类规模不一的工业陶瓷企业 447 家，其中规模以上的企业有 173 家，占全部企业数的 38.7%，近60% 的企业主营业务收入不到 1000 万元。第二，多样化产品导向促进集群规模壮大。鉴于行业特性，许多企业面向不同工业行业需求开发各类差异化的产品，如电瓷、瓷球、蓄热体、蜂窝陶瓷、耐酸陶瓷、工业陶瓷、高强陶瓷等，小众化产品有利于占领国内外市场。第三，地方化知识溢出增强了集群根植能力。湖南的醴陵、新化，无锡的宜兴，江西的萍乡和景德镇等城市都是我国工业陶瓷的传统生产加工基地，当地技术人才较为充足，市场认可度较高，形成一些行业领域较高知名度的名牌产品。第四，产业集群服务体系比较完整。为了促进当地集群健康发展，地方政府在不同时期针对集群发展需要构建了相对完善的服务体系，从公共服务到商务服务，从上游资源供应到下游开发应用，都有相应的配置。第五，产业集群发展受工业发展形势的影响较大。江西、湖南、江苏、山东、福建等地的工业陶瓷集群生产的产品主要为国内工业企业做服务配套，在当前工业经济下行的压力下，工业陶瓷产业集群的发展明显受到抑制，而进军国际市场的能力又显得不足，高端产品较少。第六，传统工业升级通过需求侧加快工业陶瓷产业集群转移升级。随着工业转型升级，低端的工业陶瓷产品需求规模日渐萎缩，因此需要各地工业陶瓷产业集群通过自身创新能力积累和提升，加强新产品的研发和投入，确保形成一批有市场竞争力的高端产品。同时，主动面向要素成本更低、正处于工业化时期的国家释放优势产能，以获得不同层次、有竞争优势的产品体系。

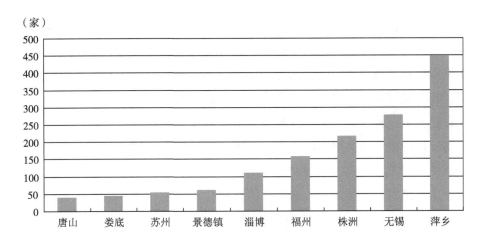

（家）

图4.12 2019年工业陶瓷产业集群的地区分布

资料来源：数据中华。

（四）日用陶瓷产业集群区域分布

我国日用陶瓷产业集群不仅体现了各地悠久的制陶历史和工艺传承，也体现了差异性产品的多样化发展趋向。从日用陶瓷产业集群主要分布地来看，景德镇、潮州、株洲、淄博、泉州等城市都是中国陶瓷名城，具有深厚的制陶文化积淀和富有魅力的工匠精神。通过对2019年全国3000家日用陶瓷企业地址进行统计，广东的潮州、梅州、佛山和揭阳，江西的景德镇，河南的许昌和平顶山，广西的玉林，湖南的株洲，山东的淄博和临沂，河北的邯郸和唐山，福建的泉州，山西的朔州等城市都集中着数量不等的企业（见图4.13）。其中，景德镇、淄博和株洲醴陵是我国日用陶瓷企业分布最集中的城市。这些集群发展历史悠久，具有深厚的特色工艺文化，主要特点包括：第一，产业集群成为数量众多的中小企业扎堆地。中小企业既是市场主体，也是非物质文化的传承者，多种角色造就了一大批具有工艺技能、艺术造诣和勇闯市场的企业家。以江西景德镇为例，全市共有大大小小的日用陶瓷企业254家，其中有51家规模以上的企业，80%都是主营业务收入少于1000万元的中小企业和小微企业。第二，长期以来，产业集群因缄默性知识的传承而不断延续生命。日用陶瓷与百姓的生活息息相关，是传统文化的传播载体，历史上就有许多名瓷远销海内外，成为丝绸之路的竞争优势产品。而制陶文化的传承和创新是这类集群能够不断克服产品生命周期的关键要素。第三，产业集群支撑体系日趋成熟完善。许多集群都拥有服务集群发展的技能人才培养体系，景德镇日用陶瓷产业集群中的许多创新人才直接来自景德镇陶瓷大学；历史积累使得这类集群具有明显的地理属性，如景德镇，潮州、德化等地都是历史悠久的陶都。第四，市场需求的差异化加速了一些日用陶瓷工业基地的崛起。例如，山东的淄博就是以制陶闻名的工业强市，分布着各类陶

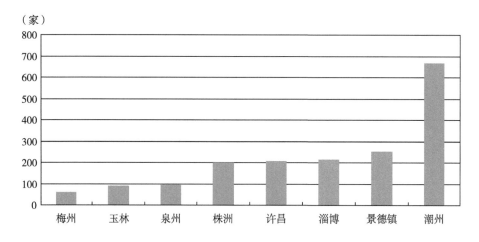

图 4.13 2019 年日用陶瓷产业集群的地区分布

注：统计范围为主营业务收入 100 万元以上的企业数。

资料来源：数据中华。

瓷企业，体系完善，市场发达。第五，产业集群发展受可替代产品的影响较大。由于细分市场的出现以及城乡居民生活习惯的变化，越来越多的塑料或金属制品已取代日用陶瓷产品。第六，消费的升级对传统日用陶瓷产业升级产生了倒逼的压力。我国城乡居民随着收入增长将形成一次明显的消费升级过程，对日用陶瓷的质量和艺术水准有了较高的要求，无疑可以对传统日用陶瓷产业带来更高的研发设计要求。同时，消费者差异化的需求也给日用陶瓷产业集群带来新一轮的发展机会。

（五）园艺陶瓷产业集群区域分布

我国园艺陶瓷产业集群主要集中在德化、潮州、景德镇、宜兴等地，这些地方都是历史上著名的园艺陶瓷生产基地。其他地方虽有分布，但企业数量少。通过对1800家行业企业地址进行深入调查，福建的泉州，广东的潮州、佛山、梅州，江西的景德镇，江苏的无锡等城市都分布着园艺陶瓷产业集群（见图4.14）。其中，德化、潮州、景德镇和宜兴是我国园艺陶瓷产业四大生产基地，具有非常悠久的制陶历史，民间制陶文化浓郁，家家户户都参与产业发展。这些集群发展历史较长，路径依赖和技术创新伴随集群的成长，而市场的力量塑造了集群形态，使之更具有弹性和活力，主要特点是：第一，产业集群由数量众多、个体很小的中小企业和小微企业构成，形成大中小企业协调发展的格局。以福建泉州为例，分布着不同规模的企业419家，仅有35家规模以上的企业，约92%的企业都是主营业务收入少于2000万元的中小企业和小微企业。第二，产业集群发育比较成熟。园艺陶瓷产业集群已走向规模化的流水线作业生产，上下游产业链衔接配套比较完善，面向不同市场的销售网络比较发达，龙头企业特别是上市公司对集群资源整合和创新引领作用不容忽视，与国外企业具有同台竞争的能力。第三，产业集群发展受海外市场影响较大。除满足国内市场需求外，我国许多园艺陶瓷企业面向海外生产或代工生产，虽然与发达国家同类产品相比有一定的市场竞争优势，但产品品质和工艺水平明显不如国外高档产品，此外，也容易受国际市场的影响。第四，劳动力成本、环境保护和国外市场需求给园艺陶瓷产业集群升级发展带来压力。由于劳动成本快速持续上涨，环境保护的标准提高和监督力度加大，国外市场需求萎缩，使得传统的园艺陶瓷企业面临生存的压力。尽管有些企业将生产基地转移到海外，但集群内绝大多数的中小企业和小微企业仍不具有海外布局的能力。另外，也应该关注到，在历史路径依赖的过程中，我国有些园艺陶瓷产业集群开始尝试华丽转型，围绕绿色、创意和科技三大理念培育发展地方特色的文化创意产业。

（家）

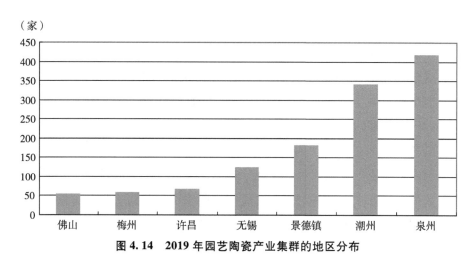

图 4.14 2019 年园艺陶瓷产业集群的地区分布

注：统计范围为主营业务收入 200 万元以上的企业数。

资料来源：数据中华。

四、陶瓷产业集群的识别

（一）产业集群识别标准

20 世纪 90 年代以来，识别产业集群的思路和技术方法是国外研究的主要方向。现有的产业集群识别方法指辨认产业集群是否存在及内部的产业联系，没有形成明确的研究结果，识别标准也未形成共识，世界各国识别产业集群的标准均不相同。

关于产业集群的识别研究，国外主要有六种辨别方法及三种思路。辨别方法是主成分分析法、波特案例分析法、多元聚类分析法、图论分析法、投入产出分析法、区位商法。后两种方法是识别产业集群过程的常用方法。

产业集群的识别思路：一是根据研究的顺序，分为自下而上的区位法以及自上而下的产业法来识别产业集群（Martin & Sunley，2003）。区位法是高度定性的一种识别某一地区是否存在集群的方法；产业法是通过选取数据类型来辨认具有一定基础的产业，它主要强调专业化以及产业活动的地方化。二是根据研究的最终目标，可通过宏观、中观以及微观三个不同层面来识别产业集群，层面不同所关注的点也不同。宏观层面主要是从经济整体出发，在分析产业集群关系的基础上进一步优化经济的专业化模式；中观层面从具有相似最终产品产业链的不同阶段出发，更加注重产业的内部和产业的紧密联系，增加创新点；微观层面则注重企业与供应商之间的联系，通过分析企业的未来发展战略来协作创新项目的发展。三是依据研究性质的差别，通过定性研究和定量分析的方法识别产业集群。王今（2005）认为，利用区位商进行产业集群识别的方法属于定性研究，主成分分析、图论分析和多元聚类属于定量研究。区位商的优势在于可以判断区域是否存在产业集群现象，而定量分析方法能够识别产业集群的数目、组成和内部关系。定量分析和定性研究各有特点，在应用研究中根据需要可以选择一种或多种组合使用。

产业集群识别是指确定产业集群是否存在及其内部企业之间的关系。确定主导产业、产业链、价值链关联企业等内容是识别产业集群必需的步骤，需要六种方法的组合使用，尽可能获得产业集群的相关信息。一是需要确定区域的主导产业，通过主导产业来识别产业集群的情况。目前存在多种方法来识别产业集群，主要包括区位商法、波特案例分析法以及投入产出分析法。李广志等（2007）利用区位商法和投入产出法的组合分析陕西的产业集群状况，突出了产业之间的功能联系以及空间联系。但是，区位商法的不足之处是缺少产业之间联系的直接信息。二是通过分析影响因素来识别产业集群。例如，基于企业层面的案例分析法，剖析产业集群能够发展的原因，同时总结产业集群的优势。由于专业化区域利益和政策驱动，波特案例分析法通常可以分析出核心地区利益以及集群对企业的影响（Feser & Bergman，2000）。在实际应用中人们广泛地将此种方法与区位商法结合使用。三是通过产业数目及关联企业数来识别产业集群。主要是集合多元聚类分析、基于投入产出的主成分分析以及图论分析三种方法。通过投入产出矩阵来分析有关企业之间的联系。主成分分析方法借助投入产出模型中直接消耗系数矩阵，根据特定的决策策略对不同的产业进行不同的分配。与多元聚类分析方法相比主成分分析法更注重产业之间的互补性关系，但多元聚类方法是依赖变量特征，对直接消耗矩阵分类，获得产业间相似程度元素的方法。其结果可以用树状图表示，很容易就能看出集群内集群和子集之间的联系。图论分析方法指利用图表理论在投入产出矩阵基础上分析产业集群间或厂商的关系，绘制成网络形式。

（二）陶瓷产业集群现象的识别——基于区位商理论分析

1. 我国陶瓷产业集群现象的具体识别

产业集群是指生产同类产品的企业以及其他相关生产企业和服务业在地理位置上的高度集中。产业集群的地理位置集中、规模效应等可以促使企业之间的交易成本降低、享受知识外溢以及生产专业化等优势，进而提升企业的竞争力。同时，产业集群作为一种区域组织形态，对地区经济发展和竞争力提升具有重要的推动作用，已经成为促进地区经济和国家经济的重要发展模式。由于产业集群发展模式的成功以及促进经济发展的重要作用，政府、企业和学术界对相关研究极其重视，我国相关研究也取得了一些成果，但同时也存在一些未解决的问题。主要体现在产业集群的识别方面只限于主观判断上，定量方法不常使用。故本书使用识别产业集群的定量研究方法——地点系数法，对我国陶瓷产业集群状况进行识别。

如前所述，区位商系数可以用来识别是否存在产业集群。产业集群主要是在某一区域的企业通过相互合作又相互竞争的关系出口多余产品进而创造价值。地理区域上的集中可以提升企业的生产专业化，加强企业之间的合作以及公共基础设施的集中建设。该定义主要关注产业集群的三个方面：①出口导向，集群内的生产企业将产品销售到地区外来增加收入；②专业化，集群内的劳动人口集中，超过全国水平，集群地区是潜在的生产专业化区域；③规模化，相关产业在集群地区具有较大的规模，对于新兴产业即使规模还没有发展起来，但也往往高于全国水平。

区位商（Location Quotient）系数用来反映集群区域内产业的出口倾向，但是通常企业出口数据难以获得，本书采用陶瓷产业劳动力需求量作为当地陶瓷产业就业的代理变量，假定某地区某产业的劳动力需求量高于该产业全国平均水平，生产的产品也更多，且高于当地的需求量，因此该产业就会向区域外出口多余的产品。用陶瓷行业劳动力需求表示的区位商计算公式如下：

$$LQ_{ij} = \frac{\dfrac{q_{ij}}{q_j}}{\dfrac{q_i}{q}} \tag{4.1}$$

式中，LQ_{ij} 是 j 地区的 i 产业在全国的区位商，q_{ij} 为 j 地区 i 产业的相关指标（如劳动力需求人数等）；q_j 为 j 地区所有产业的相关指标；q_i 为在全国范围内 i 产业的相关指标；q 为全国所有产业的相关指标。通过计算 LQ 的值，可以分析区域产业分布情况。各个省的劳动力需求数据通过百度百聘来获取。前面的章节已经介绍了这种方法的可行性和优越性，此处不再赘述。

根据区位商理论，计算我国主要陶瓷生产地区的区位商系数，识别我国陶瓷产业的产业集群现象。图 4.15 显示了我国陶瓷产业的区位商系数比较情况。

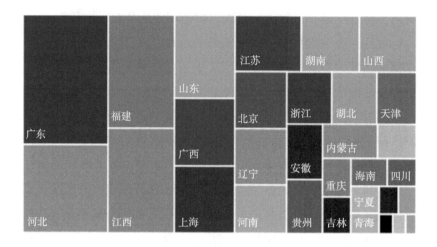

图 4.15 我国陶瓷产业的区位商系数比较情况

2019 年，我国陶瓷生产地区的区位商排名前十的省份如表 4.2 所示。计算结果表明，达到产业集群程度的陶瓷产区为广东、河北、福建、江西、山东、广西、上海、江苏 8 个省份。

表 4.2 我国陶瓷生产地区的区位商系数计算结果

名次	省份	区位商
1	广东	3.07
2	河北	2.08
3	福建	2.05
4	江西	1.89
5	山东	1.38
6	广西	1.12
7	上海	1.12
8	江苏	1.02
9	北京	0.88
10	辽宁	0.80

　　为方便纵向比较，收集 2001 年和 2010 年主要省份陶瓷产业从业人数数据，依然使用公式（4.1）进行计算。

　　图 4.16 显示了我国陶瓷生产主要省份的区位商系数纵向比较情况。可以看出，广东始终是我国陶瓷产品生产最主要的省份，其产业集群程度始终保持着最高水平，但产业集群有逐年下降的趋势。山东和广东类似，其产业集群程度较高，但也显示了逐年下降的趋势。与之相反，江西陶瓷产业集群程度虽然相对不高，但产业集群水平逐年上升，体现出良好的势头。河北与福建的陶瓷产业集群发展表现出完全不同的趋势。21 世纪初，河北与福建的陶瓷产业集群水平都较高，福建陶瓷产业集群发展水平飞速提升，并在 2010 年成为仅次于广东的第二大陶瓷产业集群。这得益于我国加入世界贸易组织后，福建凭借得天独厚的区位条件，率先发展了以出口为导向的陶瓷经济，而河北与之相比，其陶瓷产业集群发展逐年萎缩。近年来，随着环渤海经济圈对外开放水平的提升，以及京津冀协同发展的不断提升，河北陶瓷产业集群发展呈现出复兴的态势，并一度反超福建。总体来看，广东陶瓷产业集群发展仍然一枝独秀，而河北、福建、江西、山东四省几乎同时处于第二梯队。

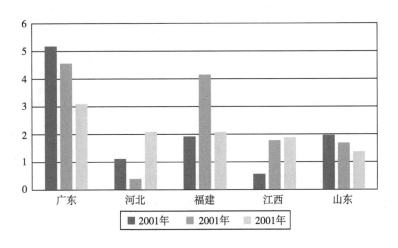

图 4.16　我国陶瓷生产主要省份的区位商系数纵向比较

2. 我国陶瓷产业集群现象具体识别情况的分析

结合前文可以发现，整体而言，我国陶瓷产业的集群情况呈现以下特点：一方面，我国陶瓷产业集群现状并不乐观。区位商系数超过 1 的有广东、河北、福建、江西、山东、广西、上海、江苏 8 个省份。这与传统的瓷器名产地并不完全吻合，拥有瓷器名都醴陵的湖南就不在此列。另外，上海经济实力和贸易能力强大，而且与陶瓷生产强省江苏毗邻，所以当地的陶瓷产业主要是与产业链上游的设计与文化、下游的销售与物流有关，产业链并不完整。

另一方面，我国陶瓷产业地区发展极不均衡。产业集群较明显的几大省份，如广东的区位商系数超过了 3，河北和福建的区位商系数超过了 2。但大多数省份的区位商系数低于 1，且水平参差不齐。长此以往，再结合陶瓷产业受路径依赖与缺乏创新特色的局限，各大主要陶瓷产地之间集群程度的差异将不断拉大，且深入研究后发现，各陶瓷产地之间的聚集效应差异已经反映在当地经济发展中。

良好的集群状况实质上对于区域经济发展起着至关重要的作用，尤其是陶瓷产业所需资金较大，产业链条较长，对基础设施和自然环境的要求较高，以陶瓷为主要产业的地区都会形成一定程度的集群之势，并且与区域经济发展有着千丝万缕的联系，这些联系能否促进本区域产业集群与区域经济发展空间的良性耦合效应发挥作用的一大前提就是陶瓷产业自身的情况优劣。

毋庸置疑，我国陶瓷产业对于国民经济发展功不可没，但是深入调查和实地走访陶瓷产地之后，必须指出我国陶瓷产业整体上还面临着以下亟待解决的问题：

第一，品牌意识不够。大多数陶瓷企业在自身品牌方面存在经营意识不足的现象，贴牌企业占据相当部分比例。借助贴牌方法，企业产品价格可以提高，但生产的主要利润会分给贴牌企业，这使得多数企业变成某些知名企业的代产企业或者"生产车间"，这种行为是短视的，并且会影响陶瓷产业的可持续发展。多数陶瓷企业在做产品上投入大把精力，在品牌培育和运作上却不予重视。

第二，创新能力不足。综观我国主要陶瓷产地都或多或少存在陶瓷制造水平低下的弊端。部分企业存在重复建设情况，生产能力及生产设备差异不大，产品同质性严重。政府部门对于陶瓷产业战略布局缺乏清晰的认识和指导规划，大量的重复建设制约了企业的研发投入。此外，企业自身缺乏吸引人才—留住人才—产出人才这样完善的人才建设体系，创新型人才过少使得产品的技术质量有待提升，创新性的产品较少，同质化现象导致产品之间的恶性竞争，部分企业由于资金不足难以忍受恶性竞争，导致自身市场份额不断压缩。

第三，资源配置不当。我国陶瓷产业集群现状相对西方发达地区确实差距较大，产业内部和上下游产业链的资源配置不当。原因在于，一方面，当前部分企业管理者的知识文化水平有待提高，很多管理观念不合理，用人机制存在弊端。很多地方主要的陶瓷企业还属于家族企业或者民办企业，领导者教育水平达不到，更多的是缺乏管理，在企业的长远发展规划上不够深谋远虑，计划性不强。管理者中普遍存在"小富即安"的思想，有些企业在实现温饱以后就选择停滞不前，不再采取措施进一步提升企业发展，严重浪费资源。另一方面，政府在资源调配上办事不力。没有合理进行产业布局和合理规划，一些产学研合作基地形同虚设、一些产权中心近乎隐形等问题没有得到妥善处理，工业园区的未来规划模糊、基础设施建设重复严重，导致资源配置不当问题，严重制约产业发展和区域经济发展的进步。

第四，市场竞争不良。很多陶瓷产地由于缺乏良好的集群状况，整个陶瓷产业没有形成品种齐全、价位明晰的竞争性市场，更没有形成原料—制造—销售一体化的价值链。市场长期处于无序形态，陶瓷企业之间恶性竞争频现，不仅影响其自身的发展壮大，这种恶性的价格竞争往往会导致其他相关产业的衰退，包括物流行业、服务行业如特色旅游及展会等，而且很可能导致大量人员失业、区域经济发展倒退等不良后果。要应对这些问题，必须尽快推动陶瓷产业集群的优化。

对症下药方能药到病除。从定性分析的角度，笔者解读了我国产业集群现状识别的具体情形，结合上述分析可以认为我国陶瓷产业集群与区域经济发展空间的耦合是大势所趋，但是目前还存在很多因素制约陶瓷产业集群与区域经济发展空间的良性耦合。基于此，将于下一章结合陶瓷产业的特点和具体发展情况，吸收前人理论研究的成果，设计一套较完整的评价指标，以判断我国陶瓷产业集群与区域经济发展空间耦合的具体情况，寻找推动我国陶瓷产业集群与区域经济发展不断进步的良方。

第五章

陶瓷产业集群与区域经济
高质量发展综合评价

本章分别构建产业集群与区域经济高质量发展的评价指标体系，对我国陶瓷产业集群发展情况以及陶瓷主要产区的区域经济发展状况进行综合评价。

一、评价指标体系的构建

（一）评价指标体系的构建标准

指标是衡量一个目标的标准，通过使用指标可以揭示目标的现状，使使用者容易理解并提供相应的指导。此外指标具有动态连续性，通过时间轴上的动态变化可提供一系列的量化信息。指标包括指标名称及数值两部分。名称是质的衡量，是一种科学概念；数值是名称，可以反映出目标的具体数值。在具体应用时，需要将指标名称及数值相结合才能全面了解研究对象的主要特征。指标分为定量客观指标以及定性主观指标。主观指标是指人们对某些客观存在的事物的主观判断，很难用客观数值来刻画。本节使用定量客观指标，通过具体的数值来研究对象的特征。为了更加全面地认识和了解研究对象，所有与评价目标相关的指标综合考虑形成一个指标体系。

（二）评价指标体系的构建原则

指标体系是包含一系列指标且能够综合对所研究对象进行评价的工具，其评价结果具有可量化、可比较、全面客观的特点。运用指标体系可以定量分析和计算所研究的对象，通过对比结果和评价标准，找出产业集聚与区域经济发展耦合作用过程中的问题，进而明确产业未来发展规划，同时对产业集聚与区域经济发展耦合关系进一步发展提供一定的指导。

研究陶瓷产业集聚与区域经济发展耦合关系属于一项复杂烦琐的工程，不仅产业集群与区域经济发展空间的关系复杂度高，而且两者的内部存在千丝万缕的关系。在陶瓷产业集群与区域经济发展空间的耦合评价指标选取上要保证指标可以体现两者的特征，还要正确反映陶瓷产业集群与区域经济发展空间之间的关系。因此筛选评价指标时需依照以下原则：

科学性原则。指标体系要科学准确地提出产业集聚与区域经济发展的主要特征。选取的每个指标都要保证存在客观依据，坚持实事求是，且在反映产业集聚与区域经济的发展现状时变现最优；两者之间的实质性关系要科学系统，同时需确保指标含义明确，测定方法准确可靠。

系统性原则。指标体系的内部构造需存在清晰合理的逻辑关系，层次分明，在剖析产业集聚与区域经济发展的耦合关系时需考虑全面系统。

可操作性原则。指标在设定时需要考虑是否能够量化处理以及数据是否容易获取。选取指标时要保证可操作性强，简单客观，保证指标数据来源真实可靠。

可比性原则。设定指标时需考虑指标在时间和空间上的可比较性，这样有利于对产业集聚与区域经济发展的耦合关系进行更深层次的研究。

其他性原则。除上述所描述的原则外，鉴于产业集聚与区域经济发展的耦合关系时刻处于动态变化中，所以在指标选择上需保证指标能够反映两者之间的动态关系，同时符合指标对阶段性及时序性方面的要求。

（三）陶瓷产业集群与区域经济发展空间评价指标

陶瓷产业集群与区域经济发展空间耦合关系的评价指标体系分为两部分：一是陶瓷产业集群的综合评价指标（代表陶瓷产业集群发展水平）；二是区域经济发展空间指标（代表区域经济发展空间综合发展水平）。在充分理解产业集群与区域经济发展空间耦合关系的概念后，首先通过产业规模、产出效率、集聚程度及创造能力角度对产业集群指标进行细化。其次通过区域经济发展空间的创新系统、经济规模、经济环境角度对区域经济发展空间指标进行评价。最后通过分析地区经济发展特点、陶瓷产业发展现状以及数据的可获得性对相关指标不断进行调整，提高陶瓷产业集群与区域经济发展空间耦合关系的评价指标体系适用性。这样就构造出以陶瓷为基础产业的产业集群与区域经济发展空间耦合的评价指标体系。

1. 陶瓷产业集群综合评价指标

随着社会经济的快速发展，经济发展状况与产业集群的发展关联性逐步增强，产业集群的重要性愈加显现，产业集群已经成为经济发展的重要推动力量，为了全面把握产业集群在经济发展中的作用，确保产业集群适应经济社会发展水平，必须从陶瓷产业集群的特点出发，科学设置指标体系框架，注重质量和数量相结合，注重产业对经济的带动作用，全面、协调、可持续发展。

从创新能力、产出能力、经济促进能力和集聚程度角度对产业集群评价指标体系进行细化，具体指标如表 5.1 所示。

表 5.1　陶瓷产业集群综合评价指标

一级指标	二级指标	三级指标
A 产业集群	A1 创新能力	A11 陶瓷产业研发费用
		A12 陶瓷产业研发费用与主营业务收入比
		A13 陶瓷科研机构数
		A14 陶瓷专利数
		A15 陶瓷产业新产品产值率

续表

一级指标	二级指标	三级指标
A 产业集群	A2 产出能力	A21 陶瓷产业总产值
		A22 陶瓷产业利润总额
		A23 陶瓷工业增加值
		A24 陶瓷工业增加值率
		A25 陶瓷出口交货率
		A26 陶瓷产业资产报酬率
		A27 陶瓷产业全员劳动生产率
	A3 经济促进能力	A31 陶瓷产业人均增加值与地区人均 GDP 之比
		A32 陶瓷产业从业人员平均工资
		A33 陶瓷产业增加值对地区 GDP 贡献率
		A34 陶瓷产业对地区就业贡献率
	A4 集聚程度	A41 规模以上陶瓷企业单位数
		A42 陶瓷产业平均资本
		A43 陶瓷产业劳动力需求量
		A44 就业区位商
		A45 产值区位商

2. 区域经济发展水平综合评价指标

从创新能力、经济规模和资源禀赋角度对区域经济发展水平的评价指标体系进行细化，具体指标如表 5.2 所示。

表 5.2　区域经济发展综合评价指标体系

一级指标	二级指标	三级指标
B 区域经济发展	B1 创新能力	B11 专利申请量
		B12 研发支出
		B13 研发人员数
	B2 经济规模	B21 GDP
		B22 社会消费品零售额
		B23 财政支出

一级指标	二级指标	三级指标
B 区域经济发展	B2 经济规模	B24 财政收入
		B25 区域内居民可支配收入
		B26 人均 GDP
		B27 居民人均纯收入
		B28 固定资产投资总额
		B29 平均工资
	B3 资源禀赋	B31 总人口数
		B32 平均受教育年限
		B33 高考报名人数

二、评价指标的标准化及权重确定

（一）指标的标准化

采用综合评价指数法对各级指标进行合成，计算方法如下。

1. 对三级指标进行标准化，得到三级指标 y_{ij}

$$y_{ij} = \frac{x_{ij} - \min_{1 \leq i \leq 31} x_{ij}}{\min_{1 \leq i \leq 31} x_{ij} - \min_{1 \leq i \leq 31} x_{ij}} \tag{5.1}$$

式中，y_{ij} 为第 i 个省份第 j 个三级指标 x_{ij} 的标准化形式，$\min\limits_{1 \leq i \leq 31} x_{ij}$ 和 $\min\limits_{1 \leq i \leq 31} x_{ij}$ 分别为 31 个省份中第 j 个三级指标的最大值和最小值。若三级指标为逆向指标，则采取标准化公式如下：

$$y_{ij} = 1 - \frac{x_{ij} - \min_{1 \leq i \leq 31} x_{ij}}{\min_{1 \leq i \leq 31} x_{ij} - \min_{1 \leq i \leq 31} x_{ij}} \tag{5.2}$$

2. 二级指标 z_i 由三级指标加权平均得到

$$z_i = \sum_{j=1}^{n_i} w_{ij} y_{ij} \tag{5.3}$$

式中，w_{ij} 为三级指标 y_{ij} 对应的权重，n_i 为相应二级指标内三级指标的个数。

3. 一级指标 Y 由二级指标加权平均得到

$$Y = \sum_{i=1}^{n} w_i z_i \tag{5.4}$$

式中，w_i 为二级指标的权重，n 为一级指标下二级指标的个数。

（二）评价指标权重的确定方法

权重系数的生成方法分为主观赋值评价法和客观赋值评价法两种。主观赋值评价法通过专家以往经验进行主观判断，得到权数，再用综合评分法、层次分析法以及指标加权法等多种方法对指标进行评价。而客观赋权评价法主要是分析指标之间的相互关系来确定权数，然后利用 TOPSIS 法、神经网络分析法、主成分分析法、灰色关联分析法或者变异系数法等多种方法对指标进行综合评价。是否能够选择合理的权重，对整个评价结果产生至关重要的作用；当一个指标的权重系数发生变化时，整个评价结果也会相应改变。所以，必须做到合理、科学地确定权重赋值，这就要求选择最合适、最贴切的确定权重的方法。

20 世纪中期，Saaty（1980）提出了层次分析（Analytic Hicrachy Process，AHP）法，这是将定量与定性分析相结合的多目标决策分析方法，在综合评价领域方面应用广泛。AHP 法通过核心定量重要性排序给出经验判断。AHP 法建立在指标有序变动上，通过同一层次指标的重要性来逐个确定各个指标的权重，进而确定综合评价指标。主要步骤如下：

1. 构造判断矩阵

人们对同一层次内指标的相对重要性进行判断，根据心理学的研究，区分信息等级的极限能力范围大致分为 9 级。在利用层次分析法来判断指标的相对重要性时，引入九分位的等级程度。如表 5.3 所示。

表5.3　判断矩阵的构造原则

i 相对 j 的重要性	极重要	很重要	重要	略重要	同等	略次要	次要	很次要	极次要
i 指标评价值	9	7	5	3	1	1/3	1/5	1/7	1/9
上述比较的中间程度取值为 8、6、4、2、1/2、1/4、1/6、1/8								

根据上述判断标准构造指标的判断矩阵，判断矩阵的元素 a_{ij} 值为 i 行指标与 j 列指标的重要性程度的比较值。根据判断标准，判断矩阵为正交矩阵，因此对角线元素为 1，两侧对称位置上的元素互为倒数。对 N 个指标两两比较就可以得到判断矩阵中所有元素的值，故只需比较 N（$N-1$）/ 2 即可。

2. 权重的计算

计算变换后判断矩阵中每一行元素的乘积，得到 $M_i = \prod_{j=1}^{N} b_{ij}$，$i=$ 1，$\cdots$，N，对 M_i 开 N 次方得到 $\overline{W}_i = \sqrt[N]{M_i}$，对 $\overline{W}_i$ 进行标准化处理，可得到指标 i 的权重 $\overline{W}_i = \dfrac{\overline{W}_i}{\sum_{i=1}^{N} \overline{W}_i}$。

3. 权重一致性检验

判断矩阵 A 的最大特征根 $\lambda_{\max}$ 对应的特征向量为 L，则 $AL = \lambda_{\max}$，判断矩阵的最大特征根 $\lambda_{\max} = \dfrac{1}{N} \sum_{i=1}^{N} \dfrac{Aw_i}{w_i}$。AHP 法对人们的主观判断进行量化处理，逐步剔除主观判断转化为客观表示。最后得到的权重合理与否，取决于客观表示的合理程度，由于客观表示主观的复杂性和主观判断的模糊性，对判断矩阵做一致性检验就变得非常重要，一致性检验指标 $CI = \dfrac{\lambda_{\max} - N}{N-1}$。

引入判断矩阵的平均随机一致性指标 RI，这样可以判断不同阶数的判断矩阵一致性是否合理，1~15 阶的判断矩阵的 RI 值如表 5.4 所示。

表 5.4　平均随机一致性指标值（RI）

N	1	2	3	4	5	6	7	8	9	10	11	12	13	14	15
RI	0	0	0.52	0.89	0.12	1.26	1.36	1.41	1.46	1.49	1.52	1.54	1.56	1.58	1.59

当阶数大于 2 时，如果判断矩阵一致性比 $CR = \dfrac{CI}{RI} < 0.1$，则说明判断矩阵具有的一致性是合理的，反之，则需要重新调整判断矩阵的元素值。

在社会科学和管理科学领域的系统问题分析中，人们通常面临由众多因素构成的复杂系统而非单一影响扰动下的系统，这些因素之间相互制约又相互联系，而且缺少系统性的定量数据来描述。层次分析法在解决此类问题的决策及排序上具有优势。

采用层次分析法研究相关问题存在两个主要难点：一是如何从现实情况中确切地确定层次结构；二是如何将定性因素更加接近实际情况进行定量化处理。层次分析法本质上对人们的动态思维过程重新进行加工整理，然后提出更加系统更加清晰的分析问题的方法，从而为科学决策及管理提供依据。

层次分析法同样无法避免地存在一定的局限性，其主要表现在：一是人们的主观因素在使用层次分析法将产生很大影响，很多时候依赖于人们的经验判断。层次分析法最多能排除人们在思维过程中一些严重不一致的观点，但如果决策者个人思维过程中存在片面性则无法避免。二是对于需要评价指标过多以及需要统计数据过多时，各个指标的权重系数将不容易得以确认。因此 AHP 法不算是完全的定量分析方法。

三、陶瓷产业集群与区域经济发展综合评价

本节考察佛山、淄博、株洲、潮州、唐山、泉州、景德镇、邯郸和乐山 9 个陶瓷产区。综合数据的可获得性，本节在产业集群评价指标体系中

选取企业数（反映创新体系和集聚程度）、平均资本（反映集聚程度）、劳动力需求（反映产出能力与集聚程度）、平均工资（反映经济促进能力）4个微观指标，在区域经济发展空间评价指标体系中选取财政支出、财政收入、国内生产总值、固定资产投资（反映创新体系与经济规模）、常住人口数、高考报名人数（反映资源要素）6个宏观指标。

以上9个陶瓷产区大致可以根据地理位置分为三个类别，唐山、邯郸和淄博位于华北地区，佛山、潮州和泉州位于华南地区，景德镇、株洲、乐山位于华中和四川盆地。图5.1~图5.3反映了以上9个陶瓷产区在各个指标上的表现。为确保数据的可比性，通过对各数据指标采取了标准化处理，限定区间为（50，100）。图5.1显示，唐山在宏观指标上表现得比较强势，在微观指标上表现得比较弱势；淄博在各个指标上表现得都比较弱势；邯郸在特定指标上表现出了明显的短板。图5.2显示，景德镇、株洲和乐山在所有指标上的表现都比较接近，总体上，这三个城市的总体经济实力不强，产业集群发展水平不突出，但在陶瓷企业平均资本这一指标上的表现较为出色。图5.3显示，佛山和泉州在各个指标上的表现都较为强势，而潮州则逊色不少，尤其是宏观经济指标，这也基本反映了这三个城市目前的经济发展状况。

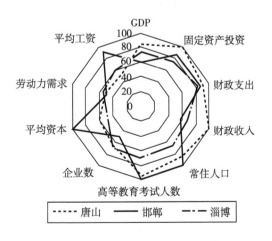

图5.1 唐山、邯郸、淄博产业集群和区域经济发展指标结果

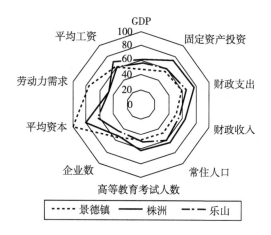

图 5.2　景德镇、株洲、乐山产业集群和区域经济发展指标结果

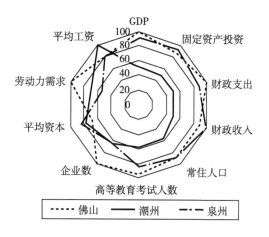

图 5.3　佛山、潮州、泉州产业集群和区域经济发展指标结果

　　指标之间的重要性可由判断矩阵得出，根据层次分析法对权重确定的讨论，经过软件 yaahp 计算，由判断矩阵可以得到各评价指标的权重，权重结果如表 5.5 所示。

表 5.5　区域经济发展和产业集群权重结果

指标		权重
区域经济发展指标	财政支出	0.2050
	财政收入	0.1628
	国内生产总值	0.2051
	固定资产投资	0.1827
	常住人口数	0.1292
	高考报名人数	0.1151
产业集群指标	企业数	0.3333
	平均资本	0.3333
	劳动力需求	0.1667
	平均工资	0.1667

得到的权重合理与否取决于客观表示的合理程度，一致性检验可以判断指标权重设置的合理性，避免各指标的权重互相冲突。经过一致性检验，结果如表 5.6 所示。

表 5.6　指标权重的一致性评价结果

	最大特征值	CI	RI	CR
产业集群指标	4	0.00	0.89	0
区域经济发展指标	6.1076	0.0215	1.26	0.0171

根据一致性检验结果，判断矩阵存在一致性，可以确定权重。

针对我国主要陶瓷产业的区域经济发展和产业集群发展状况进行综合评价。结果如表 5.7 所示。可以看出，首先，佛山在区域经济发展和产业集群方面，均排在第一名，这显示了佛山作为我国陶瓷制造强市，具有一流的区域经济发展水平和陶瓷产业集群发展水平。其次，泉州在区域经济发展方面排名第三，在产业集群方面排名第五，邯郸在这两个方面均列第四，这两个城市在区域经济发展和产业集群发展上表现得较为均衡。再次，唐山位列区域经济发展第二，产业集群方面却屈居第七，潮州和景德镇在区域经济发展上分别位列倒数第一和倒数第二，但在产业集群方面却分别高居第二和第三，显示了两个城市在陶瓷产业发展上的显著优势。最后，淄博、株洲、乐山三个城市无论是在区域经济发展还是在产业集群发展方面均不算亮眼，但也表现得较为均衡。

表 5.7　2019 年各陶瓷产区区域经济发展和产业集群排名

地区	区域经济发展	排名	产业集群	排名
佛山	93.69714	1	86.96451	1
唐山	92.82688	2	59.95576	7
泉州	90.33079	3	72.11921	5
邯郸	79.21699	4	73.70549	4
淄博	74.03462	5	59.15013	8
株洲	66.76874	6	66.74066	6
乐山	57.81806	7	57.31542	9
景德镇	52.09537	8	75.67896	3
潮州	51.89059	9	76.56023	2

为方便纵向比较，收集上述指标在 2011 年的数据，计算获得 2011 年各陶瓷产区区域经济发展和产业集群评分与排名（见表 5.8）。不同的是，这里不再使用劳动力需求量作为从业人数的代理变量，而是直接收集从业人数的准确数据。需要说明的是，2011 年，欧盟正式公布了对华瓷砖反倾销初裁结果，这标志着我国陶瓷行业由数量型发展转为质量型发展的开端。2011 年的数据同 2019 年相比，具有足够大的时间跨度和比较明显的产业经济分析意义。

表 5.8　2011 年各陶瓷产区区域经济发展和产业集群排名

地区	区域经济发展	排名	产业集群	排名
佛山	94.47356	1	73.57393	1
唐山	93.23459	2	68.21132	6

地区	区域经济发展	排名	产业集群	排名
泉州	82.85758	3	59.27049	8
邯郸	78.60248	4	54.03324	9
淄博	75.14239	5	73.03508	2
株洲	63.48824	6	72.02437	3
乐山	57.82267	7	61.97177	7
景德镇	52.33411	8	70.04099	4
潮州	51.16672	9	69.01825	5

表5.8显示了2011年我国各陶瓷产区区域经济发展和产业集群的排名情况。与2019年的具体结果相比较，发现10年间，这9个重要的陶瓷产区的区域经济发展排名并未发生变化，但产业集群发展水平却显示出微妙的变化。具体来看，泉州、潮州、邯郸的排名均有比较明显的提升，而淄博、株洲的排名下降得较为严重。联系之前利用区位商分析得到的结果，2011年后河北整体陶瓷产业呈现良好的集聚发展局面，邯郸作为河北的主要陶瓷产区，其产业集群发展水平明显提升并不意外。泉州、潮州也都凭借区位优势发展了良好的外向型陶瓷经济。至于淄博、株洲的排名后退，这是产业竞争中不进则退的具体体现。由于淄博、株洲并没有利用这段窗口期加强其陶瓷产业集群发展水平，很快就被其他陶瓷产区追赶并超越。

第六章

陶瓷产业集群与区域经济高质量发展
耦合实证分析

本章主要从产业集群与区域经济高质量发展耦合角度来实证分析我国陶瓷产业集群与区域经济发展的空间耦合协调发展状况。

一、陶瓷产业集群与区域经济高质量发展
耦合研究方法

（一）陶瓷产业集群水平测度方法

我国陶瓷制造业集聚成群的内生机制虽有争议，但仍达成了三点共识：一是要素驱动或成本驱动型，如华北平原地区的陶瓷产区；二是市场驱动型，主要是沿海地区陶瓷产区；三是文化驱动型，包括景德镇、湖南醴陵等地（左和平和杨建仁，2011）。本书选择泉州、潮州、景德镇、萍乡、乐山、唐山、株洲、淄博、邯郸、佛山、宜昌、临沂 12 个地级市作为研究对象，以上均为我国重要的陶瓷产区，分布于华北、华东、华南、西南等地区，样本选择兼顾全面性和代表性。选择地级市作为研究对象主要基于以下两点考虑：一是城市是产业集群的基本单位，产业集群尤其是

制造业集群，其空间覆盖范围不大于地级市（Sweeney，2010）。许多既有文献选择以省作为研究产业集群的最小单位，不符合产业集群的现实特征。二是数据统计质量与时效性好，能够支撑定量分析。

传统制造业集群的基本单位是企业。在研究制造业集群发展水平时，多数文献使用企业数量作为依据，如阮建青等（2010）以企业为单位测度浙江制造业集群水平并研究制造业危机对制度变迁过程的影响；李世杰和李凯（2010）同样以企业为单元，认为网状结构和内部关联是企业集聚成群的黏性基础。本书以陶瓷工业企业数量为依据，将 LQ（Locational Quotation，区位商）系数作为识别和评价产业集群规模的定量指标（Fingleton et al.，2003；贺灿飞和潘峰华，2007），考虑到传统的区位商计算方法忽视了当地陶瓷业的绝对规模，所以这里相对前文加了一个变化，也可以称之为调和区位商，具体计算方式如下。

$$LQ_i = \rho \frac{\dfrac{x_i}{y_i}}{\dfrac{X}{Y}} + (1-\rho)\frac{x_i}{X} \tag{6.1}$$

式中，x_i 表示 i 地区陶瓷工业企业数量，y_i 表示 i 地区工业企业总数量，X 表示国内陶瓷工业企业总数量，Y 表示国内工业企业总数量，ρ 为调节系数，调节系数取 0.5。

（二）区域经济发展水平测度方法

1. 区域经济发展评价指标体系

已有文献中各类区域经济发展评价指标体系，大多仍然出于发达地区追求城市全面综合发展的视角，对地区发展的异质性关注不够，尤其缺乏对经济发展倚重传统制造业城市的人文关怀和研究支持，不适用于本书探究制造业城市发展路径的考察环境。综合考虑在测度复杂巨系统时应满足全面性、简明性和可比性要求，本书建立区域经济发展评价指标体系如表 6.1 所示：

表 6.1 区域经济发展评价指标体系

总指标	维度指标	次级指标	三级指标	指标方向
C 区域经济发展指数	C1 动力升级指数	C11 金融实力	C111 金融业增加值占 GDP 比重	正向
		C12 物流运输能力	C121 交通运输业增加值占 GDP 比重	正向
		C13 推广销售能力	C131 批发零售业增加值占 GDP 比重	正向
			C132 信息服务业增加值占 GDP 比重	正向
	C2 生态和谐指数	C21 空气质量	C211 PM2.5 平均浓度	负向
		C22 绿化水平	C221 城市绿化覆盖率	正向
		C23 水污染防治水平	C231 工业污水处理率	正向
		C24 废物利用水平	C241 工业固体废物综合利用率	正向
	C3 社会进步指数	C31 财富创造能力	C311 人均 GDP	正向
			C312 人均可支配收入	正向
		C32 公民文化素质	C321 人均教育支出	正向
			C322 人均科学技术支出	正向
		C33 信息化水平	C331 宽带平均下载速率	正向
	C4 经济基本盘指数	C41 财富总水平	C411 国民生产总值	正向
		C42 政府治理规模	C421 地方财政收入	正向
			C422 地方财政支出	正向
		C43 人力资本规模	C431 常住人口	正向
			C432 当年高考报名人数	正向
		C44 技术水平	C441 研发费用支出	正向

其中，区域经济发展指数由动力升级指数、生态和谐指数、社会进步指数和经济基本盘指数四个维度指标构成，兼顾发展的质性要求和量性要求。即在保持经济总量平稳增长的同时，兼顾增长动力转换、绿色生产以及发展成果由人民共享等新时代价值导向。此外，根据陶瓷产业特性，应关注制造业企业融资、产品运输和销售以及空气污染等关键问题，以提升区域经济发展评价指标体系对制造业城市的适用性。

2. 区域经济发展水平测算方法

根据区域经济发展评价指标体系，先将所有三级指标进行标准化处理，处理方式如下：

$$\hat{x}_{ij} = \frac{x_{ij} - \min\limits_{1 \le i \le 12} x_{ij}}{\max\limits_{1 \le i \le 12} x_{ij} - \min\limits_{1 \le i \le 1}} \qquad (6.2)$$

式中，i、j 分别代表城市、指标，x_{ij} 表示城市 i、指标 j 的数值，$\hat{x}_{ij}$ 表示 x_{ij} 经标准化后的数值。$\min\limits_{1 \le i \le 12} x_{ij}$、$\max\limits_{1 \le i \le 12} x_{ij}$ 表示全部城市的指标的最小值、最大值。

如指标方向为负，指标标准化的同时须作正向化处理，方法如下：

$$\hat{x}_{ij} = 1 - \frac{x_{ij} - \min\limits_{1 \le i \le 12} x_{ij}}{\max\limits_{1 \le i \le 12} x_{ij} - \min\limits_{1 \le i \le 12} x_{ij}} \qquad (6.3)$$

经过标准化后的下级指标，能够通过加权求和的方式进一步合成高一级的指标。不失一般性地，本书以维度这一最高级别指标为例，展示以层次分析思想为核心的指标权重确定方法。层次分析的关键步骤为建立专家评分矩阵（见表 6.2）。

表 6.2　专家评分矩阵结构

维度	动力升级	生态和谐	社会进步	经济基本盘
动力升级	1	α_{12}	α_{13}	α_{14}
生态和谐	α_{21}	1	α_{23}	α_{24}
社会进步	α_{31}	α_{32}	1	α_{34}
经济基本盘	α_{41}	α_{42}	α_{43}	1

表 6.2 中，专家评分矩阵具有以下好的结构性质：对角线元素全部为 1，关于对角线对称的两元素互为倒数。基于这一性质，专家仅需对对角线上方或下方的元素进行评分即可，评分标准如表 6.3 所示。

表 6.3　专家评分矩阵评分标准

两个因素比较	分值
i 因素与 j 因素同样重要	1
i 因素比 j 因素略显重要	3
i 因素明显比 j 因素更重要	5
i 因素比 j 因素重要得多	7

续表

两个因素比较	分值
j 因素无法和 i 因素相提并论	9
处于以上相邻结果之间	2，4，6，8

如专家评审由多人组成，则按照加权平均法计算获得专家评分矩阵。这体现了层次分析法对于集体决策的良好兼容性。指标权重的计算方式如下：

$$w_i = \frac{k_i}{\sum_1^4 k_j} \tag{6.4}$$

式中，w_i 表示指标的权重，k_i 表示专家评分矩阵的最大特征值对应的标准特征向量的第 i 个分量。

按照低级指标向高级指标过渡的逻辑顺序，通过制定多层次的专家评分矩阵，确定各低级指标对于高级指标的权重，形成以末级指标作为根节点、各指标权重作为节点属性的树状结构。沿着该树状结构逐级向上，通过三次加权求和，获得区域经济发展评价指标体系的全部结果。参考既有文献，本书采用以下方法确定权重：随机生成满足传递性、完备性和有界性的专家评分矩阵——传递性保证了评价逻辑的一致性。例如，若经济基本盘（被认为）比动力升级更重要，动力升级（被认为）比生态和谐更重要，那么经济基本盘应当（被认为）比生态和谐更重要。完备性保证了评分矩阵是一个满元素矩阵。有界性保证了评价的适度理性和相对中性，即指标之间的重要性差异不应过大。例如，经济基本盘（被认为）比动力升级重要得多，动力升级又（被认为）比生态和谐重要得多将被判定为无效。

（三）陶瓷产业集群与区域经济高质量发展耦合测度方法

1. 陶瓷产业集群与区域总体经济发展耦合测度方法

在国内主要陶瓷产区，陶瓷制造业集群与经济发展系统协同联动具有现实基础，如集群企业通过技术创新加快区域经济发展动力转换，通过绿色改造升级改善区域生态环境水平。作为两个经济巨系统，两者相互作用、协同耦合的关系可以用耦合度指标来测度（王琦和陈才，2008）。当两个系统具有相互反馈、相互调节的作用关系时，耦合度大于0.5，呈一种耦合共振的发展状态，小于0.5，则呈一种颉颃阻抗的发展状态（刘宗和周建新，2020）。产业集群与区域经济发展耦合度的计算方式如下：

$$C_i = \frac{LQ_i HQD_i}{\left(\dfrac{LQ_i + HQD_i}{2}\right)^2} \tag{6.5}$$

式中，C_i 为产业集群与区域经济发展耦合度，HQD_i 为区域经济发展指数。耦合度只能衡量两个系统彼此作用强度的大小，不能反映这种相互作用是处于低水平的相互掣肘还是高水平的协调共进。t 为调节系数，参考文礼明等（2017）的研究，本书设置 $t=5$。协调度是在耦合度理论上的进一步深化，其典型特征是能够反映两个耦合系统是协调共振或是失调共振，计算方式如下：

$$R_i = \sqrt{P_i C_i} \tag{6.6}$$

$$P_i = \alpha HQD_i + (1-\alpha) LQ_i \tag{6.7}$$

式中，R_i 表示产业集群与区域经济发展协调度，P_i 反映产业集群与区域经济发展总水平，α 是权重调节项。其中，α 为产业集群相对于区域经济发展高质量发展的重要性权重，本书采用均权法设置 $\alpha=0.5$。

2. 陶瓷产业集群与区域经济发展子系统耦合测度方法

以上是将区域经济发展作为宏观整体来分析，无法识别陶瓷产业集群与区域经济发展耦合水平差异的深层次原因。区域经济发展具有多个价值维度，将其价值主成分分为动力升级、生态和谐、社会进步与经济基本盘4个子系统有助于更深入地研究陶瓷产业集群与区域经济发展的耦合关系，解释耦合水平高低背后的机制性原因。陶瓷产业集群与区域经济发展子系统的耦合度的计算方式如下：

$$C_i^m = \frac{LQ_i HQD_i^m}{\left(\dfrac{LQ_i + HQD_i^m}{2}\right)^2} \tag{6.8}$$

式中，C_i^m 为耦合度，HQD_i^m 为区域经济发展子系统 m 发展指数。相应地，协调度的计算方式为：

$$R_i^m = \sqrt{p_i^m C_i^m} \tag{6.9}$$

$$p_i^m = \beta^m HQD_i^m + (1-\beta^m) LQ_i \tag{6.10}$$

式中，R_i^m 表示产业集群与区域经济发展子系统 m 的协调度，p_i^m 是陶瓷产业集群与区域经济发展空间的综合评价函数的加权平均。其中，β^m 为产业集群相对于区域经济发展各子系统的重要性权重，本书设置 $\beta^m = 0.5$，$m = 1$，$\cdots$，4。

二、陶瓷产业集群与区域经济发展的空间耦合测度与实证

（一）陶瓷产业集群与区域经济发展水平

1. 陶瓷产业集群水平

国内主要的陶瓷产区主要分布在泉州、潮州、景德镇、萍乡、乐山、唐山、株洲、淄博、邯郸、佛山、宜昌、临沂共 12 个地级市，各城市的陶瓷产业集群规模具有较大差别。本书使用来自国家统计局、地方统计年鉴、中国陶瓷工业协会官方网站及 Wind 数据库的 2019 年截面数据测算 12 个城市区位商系数，以反映不同城市陶瓷工业企业集群水平，如图 6.1 所示。

佛山、泉州和淄博陶瓷产业处于高度集群状态。其中，佛山、泉州具有临近对外贸易通道、地处开放前沿等区位优势，其陶瓷生产加工具有典型的外向型特征；淄博瓷历史悠久，原材料和劳动力较为充沛，改革开放以来，借助企业改制、技术改造和产业链延伸，许多具有竞争力的陶瓷

企业发展壮大，赢得"当代国窑"的美誉。唐山、潮州、景德镇、株洲、邯郸、临沂、萍乡的陶瓷产业处于中度集群状态，各自发展优势相异。唐山、邯郸、临沂等地处华北平原，劳动力成本较低，区域性市场规模庞大。景德镇、萍乡、株洲处于洞庭、鄱阳湖水域附近，陶瓷生产和贸易历史悠久、积淀深厚，景德镇青花、粉彩、玲珑、色釉更有"四大名瓷"美称。潮州和佛山邻近，但人口规模、开放程度和经济体量等方面的差距，使其陶瓷产业集群略逊一筹。宜昌和乐山的陶瓷产业处于低度集群状态，产业规模和集聚水平有待提高。乐山的夹江享有"西部瓷都"美誉，但缺少历史积淀和区位优势，其成长主要依赖西部地区建筑业发展引致的巨大陶瓷市场需求。随着近年来固定资产投资增速下滑导致产品需求下降，乐山陶瓷产业整体发展遇挫。

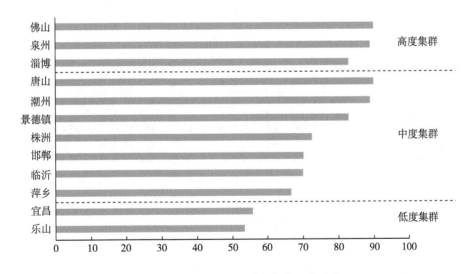

图 6.1　佛山等 12 个城市陶瓷产业集群水平

注：网站数据采集时间截至 2019 年 12 月。

资料来源：国家统计局和中国陶瓷工业协会官方网站。

2. 区域经济发展水平

根据所构建的区域经济发展水平的指标体系，对 12 个样本城市区域经济发展水平展开测算,为了使不同指标能够横向比较,采用极差标准化方法对各指标进行去量纲处理。参考张涛(2020)的研究,利用层次分析法与基于规则的随机赋权法,实现低层级指标向高层级指标的合成加总,具体测算结果如表 6.4 所示。

表 6.4　佛山等 12 个城市区域经济发展水平

城市	动力升级指数	生态和谐指数	社会进步指数	经济基本盘指数	区域经济发展指数
潮州	60.94	90.37 **	57.65	52.09	65.26
佛山	95.73 ***	83.85	88.27 ***	93.24 ***	90.28 ***
邯郸	59.05	60.06	53.69	65.40	59.55
景德镇	65.23	87.98 *	65.48	50.69	67.35
乐山	52.00	77.67	62.20	56.07	61.98
临沂	52.29	66.49	58.73	75.43	63.23
萍乡	76.28	82.32	74.25	52.58	71.36
泉州	75.37	99.61 ***	85.86 *	92.42 **	88.31 **
唐山	63.26	62.94	75.20	85.32 *	71.68
宜昌	91.57 **	75.10	75.23	65.86	76.94
株洲	90.53 *	81.09	74.70	61.95	77.07 *
淄博	72.80	65.59	87.56 **	78.23	76.05

注:指数结果取 2 位小数,***、**、*分别表示各项第一、第二、第三名;缺失数据通过线性插值补充。

资料来源:地方统计年鉴和 Wind 数据库。

由表 6.4 可知,12 个样本城市区域经济发展水平参差不齐。佛山与泉州是仅有的两个在区域经济发展指数上超过 80 分的城市,且在各子系统评分上均排名靠前,这反映两个城市在实现经济发展方面远超其余城市。佛山总指数排名第一,各分项只有生态和谐指数排名第四,略逊于泉州、潮州和景德镇三市,其余指数均居前列。泉州除动力升级指数表现较为平庸外,其余指数均名列前三,总指数位居第二。乐山、潮州、景德镇经济总体势力欠缺，经济基本盘不稳，邯郸、临沂动力升级和社会进步方面欠佳，短板较为明显，同列倒数前五，且总指数低于 70 分。萍乡、株洲、淄博、宜昌、唐山同居 70~80 分段内，发展水平比较稳定均衡，但不同程度存在明显差距，如萍乡经济基本盘不稳定，唐山动力升级不够有效。

从经济发展结构来看，生态和谐与经济基本盘的 Pearson 相关系数为 −0.09，表明生态和谐与经济基本盘之间无直接关系，其余子系统之间多呈现轻度的正相关关系，如动力升级与生态和谐的 Pearson 相关系数为 0.30，这表明经济发展本身作为一个巨系统，内部各子系统之间存在协同联动，如通过加强创新实现增长动力转换，必然导致产业由资源消耗型向资源集约型转变，将推动地区经济能耗、污染排放等指标下降，释放产业绿色发展潜能。从区位看，位于高能级城市群中的城市普遍在经济发展上表现较好，而距离高能级城市群较远或处于低能级城市群中的城市则表现相对一般，如佛山、唐山分别处于粤港澳大湾区与京津冀的核心地带，而潮州、邯郸则分别距离两城市群中心较远，这部分地解释了为何地理接近的城市在经济发展方面表现迥异。

（二）陶瓷产业集群与区域经济高质量发展耦合协调水平

1. 陶瓷产业集群与总体经济发展耦合协调

区域陶瓷产业集群必然会对总体经济发展产生影响，区域经济发展水平也会对陶瓷产业集群产生影响。根据 12 个样本城市的陶瓷产业集群水平和区域经济发展水平，测算陶瓷产业集群水平和区域经济发展水平耦合度和协调度，分别来反映产业集群水平和区域总体经济发展水平相互反馈、相互调节的作用强度大小，以及两者是协调共振还是失调共振，测算结果如图 6.2 和图 6.3 所示。

图 6.2、图 6.3 测算结果显示：半数以上城市能够实现陶瓷产业集群与区域经济高质量发展高耦合或完全耦合，但只有佛山、泉州是良性协调关系，而株洲、唐山、淄博、萍乡虽达高耦合，但其相互促进程度有所不足，仅呈现低水平协调关系，未能进一步驱使两个系统实现良性协调共

进。根本原因是陶瓷产业从中低端走向高端过程中陷入瓶颈，产业创新水平和盈利能力均有不足。景德镇、潮州陶瓷产业集群与区域经济发展高质量发展同处低耦合与低水平协调状态，产业经济发展比较均衡而平庸，而邯郸、乐山、宜昌等仍处于陶瓷产业集群与区域经济高质量发展失调状态，呈现相互阻抑、无力同进关系。这在一定程度上反映了我国传统制造业的整体现状。从一般性角度来看，我国传统制造业多是平面化发展，即长于加工制造，在上游技术开发与产品设计以及下游营销与品牌服务上存在明显不足，产业结构缺乏深度。在发达国家实施再工业化，如美国倡导的"制造业回流"和德国迈向"工业4.0"，以及低端制造正从我国流向更低成本生产国的大背景下，传统制造业未来发展面临双向压力，处于低水平协调或失调状态的城市必须更加重视利用区域经济发展耦合机制，寻求制造业升级发展新路径。

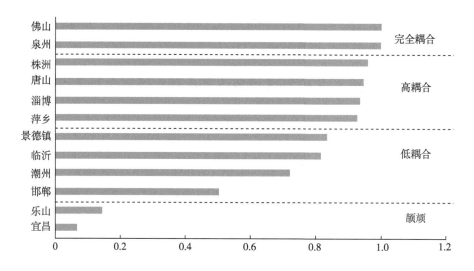

图 6.2　12 个城市陶瓷产业集群与区域经济发展耦合度

注：耦合度位于 0~0.5 判定为颉颃态，位于 0.5~0.9 判定为低耦合，位于 0.9~0.99 判定为高耦合，位于 0.99 以上判定为完全耦合。

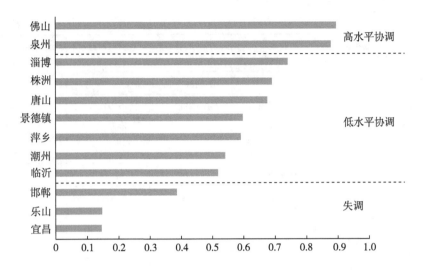

图6.3　12个城市陶瓷产业集群与区域经济发展协调度

注：协调度位于0~0.5判定为失调，位于0.5~0.9判定为低水平协调，位于0.9以上判定为高水平协调。

2. 陶瓷产业集群与经济发展子系统耦合协调

对于经济发展倚重传统制造业、处于经济大循环网络边缘的城市而言，发展既是一种挑战——对于经济发展的质性要求高于量性要求，也是一种机遇——充分扬长补短，更精准地识别比较优势、更有效地制定经济政策、更精细地治理宏观经济和探索发展路径。上一部分是将区域经济发展作为宏观整体来分析，无法识别陶瓷产业集群与区域经济发展耦合水平差异的深层次原因，本部分主要研究陶瓷产业集群与区域经济发展子系统的耦合关系，解释耦合水平高低背后的机制性原因，测算陶瓷产业集群与区域经济发展各系统耦合度和协调度如表6.5和表6.6所示。

表6.5　陶瓷产业集群与区域经济发展各系统耦合度

城市	产业集群与动力升级耦合度	产业集群与生态和谐耦合度	产业集群与社会进步耦合度	产业集群与经济基本盘耦合度	产业集群与区域经济发展耦合度
潮州	0.4191^+	0.7699	0.1805^+	0.0017^+	0.7220

城市	产业集群与动力升级耦合度	产业集群与生态和谐耦合度	产业集群与社会进步耦合度	产业集群与经济基本盘耦合度	产业集群与区域经济发展耦合度
佛山	0.9766 ***	0.9673 ***	0.9980 ***	0.9917 ***	0.9999 ***
邯郸	0.4563 +	0.5512	0.0388 +	0.9124	0.5038
景德镇	0.7224	0.8191	0.7371	0.0001 +	0.8335
乐山	0.7307	0.0081 −	0.1365 −	0.6350	0.1435 −
临沂	0.0070 +	0.9579 **	0.4402 +	0.9265	0.8153
萍乡	0.7728	0.5832	0.8393	0.0217 +	0.9259
泉州	0.7971 *	0.9289 *	0.9918 *	0.9907 **	0.9997 **
唐山	0.5430	0.5207	0.9949 **	0.9108	0.9443
宜昌	0.0142 −	0.0820 −	0.0807 −	0.2905 −	0.0654 −
株洲	0.6540	0.8790 *	0.9895	0.6099	0.9589 *
淄博	0.8483 **	0.5083	0.9774	0.9721 *	0.9357

注：耦合度计算结果取 4 位小数，***、**、* 分别表示各项第一、第二、第三名，−、+ 分别表示陶瓷产业集群发展滞后、发展超前。

表 6.6　陶瓷产业集群与区域经济发展各系统协调度

城市	产业集群与动力升级协调度	产业集群与生态和谐协调度	产业集群与社会进步协调度	产业集群与经济基本盘协调度	产业集群与区域经济发展协调度
潮州	0.3908 +	0.7121	0.2446 +	0.0219 +	0.5425
佛山	0.9143 ***	0.8444 **	0.8830 ***	0.9078 ***	0.8951 ***
邯郸	0.3654 +	0.4085 +	0.0963 +	0.5700	0.3872 +
景德镇	0.5421	0.7208 *	0.5492	0.0017 +	0.5972
乐山	0.1970 −	0.0501 −	0.1455 −	0.2441 −	0.1482 −
临沂	0.0394 +	0.5900	0.3547 +	0.6477	0.5194
萍乡	0.5761	0.5345	0.5860	0.0646 +	0.5933
泉州	0.7157 **	0.9067 ***	0.8611 **	0.8975 **	0.8786 **
唐山	0.4668 +	0.4553 +	0.7197	0.7526	0.6770

城市	产业集群与动力升级协调度	产业集群与生态和谐协调度	产业集群与社会进步协调度	产业集群与经济基本盘协调度	产业集群与区域经济发展协调度
宜昌	0.0819$^-$	0.1590$^-$	0.1581$^-$	0.2505$^-$	0.1463$^-$
株洲	0.6422	0.6866	0.6837	0.4586$^+$	0.6897
淄博	0.6869*	0.4960$^+$	0.8294*	0.7703*	0.7421*

注：协调度计算结果取4位小数，＊＊＊、＊＊、＊分别表示各项第一、二、三名，-、+分别表示陶瓷产业集群发展滞后、发展超前。

由表6.5、表6.6能够获得以下结论。一是佛山、泉州陶瓷产业集群与区域经济发展各子系统均构成高耦合、高水平的协调关系。稳固的经济基本盘和相对成功的增长动力升级为陶瓷产业发展和升级提供优质的资源和需求保障；同时，作为传统制造业，当地陶瓷产业不产生区域性严重污染，并为增加就业、提高劳动力收入、推动社会进步提供动能。二是淄博、株洲、唐山同处于高耦合状态，但淄博之所以能在协调度层面反超另外两个城市，主要是因为其动力升级、社会进步、经济基本盘与陶瓷产业集群协调发展比较均衡，均位于第三位；株洲、唐山分别由于陶瓷产业集群与经济基本盘、生态和谐相互协调严重欠缺，总协调度分别居第四、第五位。三是萍乡、景德镇、潮州是12个样本城市中经济体量最小但陶瓷产业最具特色的城市，三市同处于陶瓷产业与区域经济发展低水平协调状态，但无法更进一步达致高水平协调，主要是因为经济基本盘赋予陶瓷产业进一步发展的支撑力不足，人力资源、需求规模和其他关联产业的幼稚状态阻滞了当地陶瓷产业实现高水平发展。四是邯郸、乐山、宜昌作为陶瓷产业集群与区域经济发展低水平协调的城市，发展短板比较明显：分别是与社会进步耦合（协调）、与生态和谐耦合（协调）、与动力升级耦合（协调）方面存在严重欠缺。必须着力补齐短板，实现区域经济发展各子系统与陶瓷产业集群协调共进、均衡发力，形成特色产业发展优势，进而融入城市群经济网络和循环型经济格局。

（三）陶瓷产业集群与区域经济发展耦合协调特征

1. 陶瓷产业集群与区域经济发展耦合协调特征

根据上文测算的 12 个城市陶瓷产业集群与区域经济发展的耦合协调度，可以反映陶瓷产业集群与区域经济发展相互反馈、相互调节的作用强度。我国陶瓷产业主要集中在河北、山东、广东、江西、湖南和湖北等地区，产业集中度较高，在技术和产品方面具有一定竞争力。陶瓷产业集群与区域经济发展的空间耦合协调特征呈现东中部以唐山、淄博为主，东南部以佛山、泉州、株洲为主的耦合协调较好，且多处于临海地区，陶瓷产业集群与区域经济发展相互作用强度大，形成良性协调促进关系，尤其是佛山、泉州等城市由于靠近海上运输通道，成为第一批打开国际市场大门的陶瓷产区。内陆地区乐山、邯郸、宜昌的耦合协调较差，多是距海较远地区，陶瓷产业集群与区域经济发展的作用强度小，相互阻抑、无力协调促进。

从空间耦合协调来看：一是佛山、泉州不仅达致陶瓷产业集群与区域经济发展完全耦合，也促使两个系统实现高水平协调，是一种良性互动、互惠共赢的关系。二是株洲、唐山、淄博、萍乡虽达致陶瓷产业集群与区域经济发展高耦合，但其相互促进程度有所不足，只具备低水平协调关系，即耦合关系未能进一步驱使两个系统实现良性协调共进。三是景德镇、临沂、潮州陶瓷产业集群与区域经济发展同处低耦合与低水平协调状态，产业经济发展比较均衡而平庸。四是邯郸虽达致两个系统低耦合，但各自基础和互动强度较弱，以至其同乐山、宜昌处于陶瓷产业集群与区域经济发展相失调状态，呈现相互阻抑、无力同进关系。

2. 陶瓷产业集群与经济发展子系统的耦合特征

为具体探究陶瓷产业集群与区域经济发展耦合的差异性，将区域经济发展分成动力升级、生态和谐、社会进步与经济基本盘 4 个子系统。结果显示：如果陶瓷产业集群与总体区域经济发展的耦合度高，那么陶瓷产业集群与经济发展 4 个子系统的空间耦合也高；若陶瓷产业集群与总体区域经济发展的耦合度低，则陶瓷产业集群与经济发展四个子系统耦合中存在明显短板，制约产业集群与总体区域经济发展的相互作用强度。

从陶瓷产业集群与经济发展动力升级耦合的角度：佛山和淄博耦合度最高，泉州、萍乡、乐山和景德镇耦合度较高，株洲和唐山耦合度处于中间位置，邯郸和潮州耦合度较低，宜昌和临沂耦合度最低。宜昌和临沂的短板主要在于动力升级子系统，金融实力、物流运输能力、推广销售能力有限，制约产业集群与区域经济发展的耦合。

从陶瓷产业集群与生态和谐耦合的角度：佛山、临沂、泉州和株洲耦合度最高，景德镇和潮州耦合度较高，萍乡和邯郸耦合度处于中间位置，唐山和淄博耦合度较低，宜昌和乐山耦合度最低。陶瓷产业属于高耗能、高污染、资源依赖型产业，处于产业链的中低端，环境污染问题较为严重。除佛山、泉州和株洲在陶瓷产业发展和生态保护实现较好的协调发展，其他地区均存在一定程度的环境污染问题，其中唐山、淄博、宜昌和乐山较为严重，制约产业集群与区域经济发展的耦合。

从陶瓷产业集群与社会进步耦合的角度：佛山、唐山、泉州、株洲和淄博耦合度最高，萍乡和景德镇耦合度较高，临沂、潮州和乐山耦合度较低，宜昌和邯郸耦合度最低。临沂、潮州、乐山、宜昌和邯郸在社会进步子系统存在较大的短板，财富创造能力、公民文化素质和信息化水平较差，制约了产业集群与区域经济发展的耦合。

从陶瓷产业集群与经济发展基本盘耦合的角度：佛山、泉州和淄博耦合度最高，临沂、邯郸和唐山耦合度较高，乐山和株洲耦合度处于中间位置，宜昌耦合度较低，萍乡、潮州和景德镇耦合度最低。萍乡、潮州和景德镇在经济基本盘财富水平、政府规模、人力资本和技术水平存在较大的短板，制约了产业集群与区域经济发展的耦合。

3. 陶瓷产业集群与经济发展子系统协调特征

为具体探究陶瓷产业集群与区域经济发展协调的差异性，将区域经济发展分成动力升级、生态和谐、社会进步与经济基本盘四个子系统。结果显示：如果陶瓷产业集群与总体区域经济发展的协调度高，那么陶瓷产业集群与经济发展四个子系统协调也较高；如果陶瓷产业集群与总体区域经济发展的协调度低，则陶瓷产业集群与经济发展四个子系统中存在明显短板，导致产业集群与总体区域经济发展的失调共振。

从陶瓷产业集群与动力升级协调的角度来看，佛山协调度最高，泉州、淄博、株洲、萍乡和景德镇协调度较高，均处于均值之上，唐山、潮州和邯郸协调度较低，乐山、宜昌和临沂协调度最低。总体呈现东南沿海地区与动力升级系统形成良性协调关系，但是东中部和内陆地区与动力升级系统尚未形成良性协调关系，其中乐山、宜昌和临沂陶瓷产业集群与动力升级呈现失调共振关系。

从陶瓷产业集群与生态和谐协调的角度来看，泉州和佛山协调度最高，景德镇、潮州和株洲协调度较高，临沂和萍乡协调度位于均值之上，淄博、唐山和邯郸协调度较低，宜昌和乐山协调度最低。整体上，泉州和佛山实现产业集群与生态和谐的良性协调发展，在最大化经济效益的同时，能够合理利用资源、降低能源消耗、减少对环境的污染；淄博、唐山等地环境污染问题较为严重导致陶瓷产业集群与生态和谐的协调度较低。

从陶瓷产业集群与社会进步协调的角度来看，佛山、泉州和淄博协调度最高，唐山和株洲协调度较高，萍乡和景德镇处于均值之上，临沂和潮州较低，宜昌、乐山和邯郸最低。宜昌、乐山和邯郸在财富创造能力、公民文化素质和信息化水平方面存在明显的短板，制约陶瓷产业集群与社会进步形成良性协调关系。

从陶瓷产业集群与经济发展基本盘协调的角度来看，佛山和泉州协调度最高，淄博、唐山和临沂较高，邯郸处于均值之上，株洲、宜昌和乐山较低，萍乡、潮州和景德镇最低。经济基本盘主要包括财富总水平、政府治理规模、人力资本规模和技术水平，萍乡、潮州和景德镇的经济基本盘不稳，导致陶瓷产业集群与经济发展基本盘的协调发展受阻。

4. 陶瓷产业集群与经济发展子系统耦合协调特征

陶瓷产业集群与经济发展子系统耦合协调特征可以划分为良性联动型、短板制约型、带动乏力型、发展阻滞型四个类型。第一类是良性联动型，其典型特征是，当地陶瓷制造业集群与区域经济高质量发展各子系统已构成一种良性的耦合协调关系，陶瓷产业深度嵌入当地产业网络。以佛山、泉州为代表，稳固的经济基本盘、较为成功的发展动力转换，为当地陶瓷产业升级提供了优质的要素保障；同时，作为传统制造业，当地陶瓷产业集群解决产生区域性严重污染，陶瓷产业向高端化、高附加值、低污染发展，并为增加就业、提高劳动力收入和推动社会进步赋能。第二类是短板制约型，其典型特征是当地陶瓷产业集群与区域经济高质量发展各子系统在总体上已趋于耦合协调，但仍存在一些约束因素。以淄博、株洲、唐山为代表，这三个城市同处于一种高耦合、低水平协调状态，其中株洲在陶瓷产业集群与经济基本盘的协调发展方面有所不足，而唐山、淄博则是在生态和谐方面有所不足，实现进一步跨越需要着力补齐各自的短板。第三类是带动乏力型，其典型特征是当地经济基本盘较小，陶瓷产业集群在多个方面已经领先当地经济发展水平，但带动其整体迈向高质量发展又缺乏动力。以景德镇、萍乡和潮州为代表，这三个城市的陶瓷产业极具特色，但整体经济赋予陶瓷产业进一步发展的支撑力不足，人力资源、需求规模和其他关联产业的幼稚状态难以在短期内实现逆转。第四类是发展阻滞型，其典型特征是当地经济体量居中，但陶瓷产业集群发展水平较为平庸，在与经济高质量发展实现耦合协调方面存在明显弱项。以邯郸、乐山、宜昌为代表，这三个城市分别在社会进步耦合协调、生态和谐耦合协调、动力升级耦合协调方面严重欠缺。以邯郸为例，作为人口大市，邯郸在劳动力成本方面拥有优势，但在经济进入新常态后，其人均 GDP、人均可支配收入增长缓慢，人力资本没有进一步转化为人才资本，反而成为陶瓷产业升级的负担。必须着力补齐短板，实现陶瓷产业集群与区域经济发展高质量发展各子系统协调共进、均衡发力，加快构筑产业特色发展，进而融入城市群经济网络和国内大循环经济格局。

（四）实证结果总结与启示

1. 研究结果

本章以国内 12 个主要陶瓷产区为样本，借助 LQ 系数法识别陶瓷产业集群规模，分解发展价值维度并测算各城市经济发展水平，研究各城市陶瓷产业集群与经济发展的耦合、协调能力及其内在机制，主要研究结论如下：

（1）12个主要陶瓷产区陶瓷产业集群规模和经济发展水平差别较大，各城市陶瓷产业集群已形成外向型、成本优势型和区域性需求导向型等若干种路径依赖形态。

（2）仅有佛山、泉州两个城市实现陶瓷产业集群与区域经济发展高水平耦合协调；而乐山、宜昌呈现颉颃态势，并和邯郸同处于低水平协调阶段，其余城市不同程度地处于低耦合和低水平协调发展期。

（3）多数陶瓷产区面临产业发展阻滞问题，根本原因是陶瓷产业集群与区域经济发展子系统欠耦合或相互颉颃抗衡。一是经济基本盘不稳定，人力资源、需求规模和关联产业的幼稚形态无法为陶瓷产业进一步发展提供支撑力。二是少数城市陶瓷产业集群规模相对滞后，不足以成为带动区域动力升级、生态和谐和社会进步的引擎力量，而这类城市大多是区域性需求导向型，随着国内经济进入新常态、固定资产投资增速下滑导致需求下降，这类产业集群生存与转型面临困境。三是多数陶瓷产区产业集群已同经济发展达致耦合，但总体水平仍比较低的地区，发展子系统存在短板是制约产业集群进一步同区域经济发展相互耦合的主要因素，但不同城市发展短板迥异：唐山受限于动力升级短板，邯郸、淄博受限于生态和谐短板，而潮州、临沂受限于社会进步短板。

2. 启示

研究结论揭示，产业集群与区域经济发展欠耦合主要有经济基本盘乏力、陶瓷产业集群水平较低、发展子系统存在短板等若干情形。以下有针对性地提出相关启示：

（1）正确认识发展内涵，保持经济基本盘稳定。发展与经济持续增长不是对立关系；相反地，经济增速位于合理区间是经济转型升级的重要基石。诸多制造业集群遭遇动力不足，主要是经济基本盘无法提供更大支撑力，产业升级和产业链延伸受阻。应加快推动实体经济增长，促进新材料、机械设备制造、电子商务、文化创意等关联产业集聚发展，形成多支柱、多动力源发展结构。进一步增加有效投资，顺应投资结构由政府主导向政府、社会投资互动平衡转变，戒除"求新"、"跟风"投资思路，打造特色产业结构优势。特别是当下新冠肺炎疫情在全球扩散，应加大力度保障基本民生和市场主体、稳定就业和投资，确保经济基本盘和内需平稳增长。

（2）对于产业集群水平较低、发展优势正在消退的地区应当加快提升产业政策有效性，推动产业实现转型升级。乐山、宜昌等陶瓷产区制瓷企业缺乏自主创新能力，企业利润不足进一步限制研发投入，品牌意识淡薄导致知名品牌缺乏。应当设立专项产业发展基金，集中补贴市场开拓、人才引进、企业认证等环节，提升企业利润能力和研发能力；引导企业产品矩阵向珍藏艺术品、特色文创产品、高端奢侈品等方向延伸，着力打造陶瓷技术研发、产品收藏展示、艺术传统和制作体验等平台，带动产业向更高附加值环节攀升；加强环保监管，实现产业集群与生态保护和谐共进。

（3）对于产业集群已同经济发展达致耦合但总体水平仍较低的地区，应当精准识别各维度发展短板，切实提升精准施策和精细化经济治理能力，破解耦合锁定困局。针对动力升级短板，应当加快由注重规模扩张的传统经济思维向注重无形资产和软实力的新经济思维转变，聚焦"新型产业形态塑造、新型资源要素支撑、新型市场主体培育"，通过提升技术研发、产品销售、企业融资、品牌塑造各环节实力，培育经济增长新动能；针对生态和谐短板，应当尽快摆脱"重开发轻保护、重增长轻环节"传统资源型产业路径依赖和惯性思维，谋划产业发展与生态保护、绿色资源开发互促共进方式，推动产业生态化与生态产业化，实现"绿水青山"和"金山银山"和谐统一；针对社会进步短板，应当创造良好的财政制度环境，提高政府税收管理能力，明确央、地政府财政关系和事权清单，着力解决民生领域不平衡、不充分发展问题，切实满足人民日益增长的美好生活需要。借助精准识别和精准施策，推动产业集群与经济发展进一步耦合发展。

第七章

景德镇陶瓷产业集群与区域经济高质量发展耦合案例分析

一、景德镇陶瓷产业集聚水平

党的十九大明确提出，要推动我国产业迈向全球价值链的中高端，培育世界级的先进产业集群，加强国家创新体系的建设。因此，就需要推动升级现有产业集群，培育先进的产业集群，实现产业能够向价值链的中高端迈进；而国家创新体系建设应该最终落实到区域经济建设中。产业集群升级以及区域经济建设都已成为我国适应经济新常态，构建现代经济体系的重要措施。自20世纪以来，结合地方特色的产业集群发展模式在全球各地经济发展中的作用越来越突出，逐渐被当今学术界关注。企业的差异性所造成的产业集群在产生、发展、成熟到重塑阶段，以及集群企业的进入与退出等均有所差异。或许正因如此，学术界在对世界经济发展的研究中，"产业集群"的概念被不断提及。景德镇的陶瓷产业集群历史悠久，是我国典型的产业集群之一（赵海婷等，2009），然而，20世纪80年代以来，市场开始由计划经济转为市场经济，景德镇的陶瓷产业却一蹶不振，产业集群发展整体衰弱迹象明显。因此，景德镇陶瓷产业集群重新崛起的关键是要加强与区域经济发展的耦合与互动，走包容、多元化的路线，进行产业升级创新。

根据表7.1景德镇陶瓷产业发展的基本数据可知：国内工业总产值呈现减速增加趋势，国内企业工业数量和平均从业人员都呈现先增后减的上升趋势。国内陶瓷产业工业总产值呈现较为波动的增加趋势，国内陶瓷企业数量和从业人员年平均人数呈现波动上升趋势。景德镇陶瓷工业总产值呈现先增后减的倒V形变化趋势，2016年陶瓷工业总产值达到最大值，陶瓷企业的数量呈现较为明显的N形上升趋势，2019年陶瓷企业的数量约为2004年的3倍；景德镇整体工业总产值、工业企业数量和陶瓷产业的变动趋势基本吻合，说明景德镇陶瓷工业总产值与整体工业总产值的时间耦合程度较高。景德镇陶瓷从业人员年平均人数呈现较为波动上升趋势，景德镇工业从业人员年平均人数呈现倒V形的先增后减变化趋势，景德镇陶瓷产业的就业比重不断上升。

表7.2和图7.1分别展示景德镇陶瓷产业集群的发展水平，陶瓷产业集群的区位商指数用LQ表示，分别根据工业总产值（lq_ changzhi）、企业数（lq_ qiyeshu）、从业人员（lq_ congye）三个角度测度了景德镇陶瓷产业的区位商。区位商是指一个地区特定部门的产值（企业数量或是从业人数）在地区工业总产值中所占的比重与全国该部门产值在全国工业总产值中所占比重之间的比值。在区域经济学中，通常用区位商来判断一个产业是否构成地区专业化部门。如果区位商大于1，可以认为该产业是地区的专业化部门；区位商越大，专业化水平越高；如果区位商小于或等于1，则认为该产业是自给性部门。从陶瓷产业总产值和企业数量来看，景德镇陶瓷产业的区位商小于1，大体呈现两次先增后减的增加趋势，呈现M形变化，整体专业化水平不高；从陶瓷产业平均从业人数来看，景德镇陶瓷产业的区位商小于1，整体呈现先增后减的减弱趋势，显示的整体专业化水平不高。

表 7.1　景德镇陶瓷产业发展的基本数据

年份	景德镇陶瓷工业总产值（万元）	景德镇陶瓷企业数量（个）	陶瓷全部从业人员年平均人数（人）	景德镇工业总产值（万元）	景德镇工业企业数量（个）	景德镇工业从业人员年平均人数（人）	国内陶瓷产业工业总产值（亿元）	国内陶瓷企业数量（个）	国内陶瓷从业人员年平均人数（万人）	国内工业总产值（亿元）	国内企业工业数量（个）	国内工业从业人员年平均人数（万人）
2004	40835	34	12139	1288660	229	71091	247	1007	39	128716	196222	5749
2005	48939	38	13388	1591811	249	75352	460	1247	41	251620	271835	6896
2006	63024	37	11691	2029077	260	75155	598	1360	43	316589	301961	7358
2007	126211	55	14155	2706504	302	78497	825	1505	46	405177	336768	7875
2008	269448	70	14748	3816281	358	86739	1152	1892	54	507285	426113	8838
2009	412684	84	15341	4926058	414	94980	1416	2018	56	548311	434364	8831
2010	551088	72	12636	6659795	366	92163	2053	1988	62	698591	452872	9545
2011	689491	60	9931	8393531	318	89346	1592	2491	59	844269	325609	9167
2012	922883	52	10728	9684649	292	88970	2624	1848	63	909797	343769	9479
2013	1147770	63	10732	10863415	304	89161	3188	2062	66	1019405	369813	9791
2014	1426248	70	11681	10835305	305	85420	3652	2100	70	1092198	377888	9977
2015	1654000	74	15330	10976166	320	85288	4083	2209	72	1104027	383148	9775
2016	2449180	82	15613	11793661	321	84568	4716	2232	76	1151950	378599	9476
2017	2058625	77	13632	11156341	327	77077	4849	2717	85	1178910	378207	8702
2018	1030583	86	14422	8611678	328	73900	4916	2960	89	1192389	378011	8316
2019	1118683	101	15340	9065507	372	72149	4982	3202	94	1205869	377815	7929

表7.2　景德镇陶瓷产业集群的发展水平　　　　　　　单位：%

年份	陶瓷产业集群——基于工业产值计算（lq_ changzhi）	陶瓷产业集群——基于企业数计算（lq_ qiyeshu）	陶瓷产业集群——基于就业人数计算（lq_ congye）
2004	16.54	28.93	25.02
2005	16.83	33.27	29.59
2006	16.45	31.60	26.58
2007	22.91	40.75	30.75
2008	31.09	43.71	27.64
2009	32.44	43.68	25.48
2010	28.16	44.82	21.26
2011	43.57	24.66	17.29
2012	33.04	33.13	18.14
2013	33.78	37.17	17.96
2014	39.37	41.30	19.54
2015	40.75	40.11	24.26
2016	50.73	43.33	23.14
2017	44.86	32.78	18.14
2018	29.03	33.49	18.15
2019	29.87	32.04	17.93

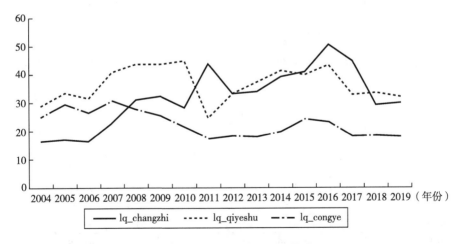

图7.1　景德镇陶瓷产业的集聚水平

二、景德镇区域经济发展的基本情况

根据之前设定的指标体系收集景德镇相关区域经济数据，但是有些指标数据收集不到，因此进行相应的替换，具体数据如表7.3所示，替换如表7.4所示。

表7.3　景德镇区域经济发展指标体系的基本数据

年份	城镇单位就业人员数 金融业占比（%）	城镇单位就业人员数 交通运输、仓储和邮政业占比（%）	城镇单位就业人员数 批发和零售业占比（%）	城镇单位就业人员数 信息传输、软件和信息技术服务业占比（%）	PM平均浓度（微克每立方米）	城市绿化覆盖率（%）	工业污水处理率（%）	工业固体废物综合利用率（%）
2004	2.83	2.12	3.18	1.18	44.58	41.46	80.00	96.00
2005	2.70	2.27	3.14	0.86	42.46	42.00	80.00	99.08
2006	2.32	2.21	3.06	0.95	42.26	29.00	40.00	89.58
2007	2.36	2.07	2.86	0.79	47.38	42.83	72.44	71.60
2008	3.77	2.09	8.44	0.70	41.99	43.23	40.00	63.63
2009	3.60	2.04	7.30	0.68	45.21	52.79	82.43	94.21
2010	3.58	1.70	8.01	0.75	46.66	53.58	99.92	91.70
2011	3.33	1.71	8.37	0.89	50.48	55.47	76.50	94.94
2012	3.41	1.59	2.43	0.76	43.27	70.92	69.56	95.03
2013	2.64	2.72	8.64	1.68	41.30	51.33	71.34	97.51
2014	2.49	3.78	8.60	1.85	44.10	51.44	74.00	98.72
2015	2.78	4.25	9.40	1.96	37.55	51.44	74.00	98.94
2016	4.85	3.53	9.29	1.07	32.73	51.44	74.00	93.46
2017	3.34	3.54	8.58	0.95	34.86	67.00	74.00	90.20
2018	5.06	2.53	3.63	1.18	28.77	51.61	94.99	89.18
2019	7.24	4.39	3.06	1.22	28.00	50.06	94.99	89.18

表 7.4　景德镇区域经济发展指标体系的基本数据

年份	人均GDP（元）	人均可支配收入（元）	人均教育支出（元）	人均科学技术支出（元）	全市互联网宽带接入率（%）	国民生产总值（亿元）	一般公共预算支出（万元）	一般公共预算收入（万元）	常住人口（万人）	当年拟参与高考人数（万人）	规模以上工业总产值（万元）
2004	10842	7693	47.67	2.49	4.09	165.12	65775	38384	152.00	3.00	1272426
2005	12629	8779	78.56	2.03	4.27	193.10	103151	53937	155.44	3.60	1591811
2006	14582	9962	95.81	2.37	5.72	224.78	114202	58432	155.44	3.22	2029077
2007	16899	11640	153.07	12.62	7.58	261.85	145642	70552	155.44	3.02	2706504
2008	20672	13583	182.21	17.84	7.74	322.38	213623	112417	156.52	3.03	3939147
2009	23174	14996	197.91	23.19	11.07	364.03	314918	151420	157.66	3.18	4938079
2010	29155	16846	261.67	31.70	11.20	461.50	649209	246560	158.59	2.23	6871690
2011	35421	19179	433.51	42.38	14.12	570.96	575435	312431	159.90	2.23	8393530
2012	39151	21621	464.75	45.66	15.00	628.25	685450	393375	161.00	3.48	9684649
2013	42186	24262	461.87	55.27	24.00	690.82	768206	427154	161.90	3.27	10863415
2014	45438	26625	483.69	51.12	24.00	747.20	976169	468416	161.90	3.49	10835305
2015	47729	29101	575.74	75.84	24.00	780.44	1006455	505924	161.90	3.44	10976166
2016	51561	31418	594.36	37.10	39.00	849.57	981649	504191	165.49	3.00	11793661
2017	52910	34283	576.38	158.85	25.00	878.25	1086539	493135	166.49	3.00	11156341
2018	50723	37183	661.11	76.03	25.00	846.60	1134660	532285	167.32	4.00	8611678
2019	55228	40143	269.81	11.94	25.00	926.00	403047	133483	168.05	4.00	9065507

根据表 7.4 的数据，区域经济发展指标体系兼顾发展的质性要求和量性要求，由动力升级指数、生态和谐指数、社会进步指数和经济基本盘指数 4 个维度指标构成，在保持经济总量平稳增长的同时，兼顾增长动力转换、绿色生产以及发展成果由人民共享等新时代价值导向。根据区域经济发展评价指标体系，先将所有三级指标根据极大值和极小值进行标准化处理，如指标方向为负，指标标准化的同时须作正向化处理；建立专家评分矩

阵，通过制定多层次的专家评分矩阵，确定各低级指标对于高级指标的权重，形成以末级指标作为根节点、各指标权重作为节点属性的树状结构。沿着该树状结构逐级向上，通过三次加权求和，获得区域经济发展评价指标体系的全部结果。最后形成区域经济总指数（qyjj）、动力升级指数（dlsj）、生态和谐指数（sthx）、社会进步指数（shjb）、经济基本盘指数（jjjbp）。

如表7.5和图7.2所示，景德镇2004~2019年经济发展总指数整体呈现明显的增长趋势，2015年以后经济发展总指数增长趋势放缓。动力升级指数、生态和谐指数、社会进步指数、经济基本盘指数总体呈现较为一致的上升趋势，实现经济发展、生态和谐、社会进步的和谐发展局面，其中动力升级指数在2015年后有较为明显的下降，导致经济发展总指数在2015年以后呈现较为缓慢的上升趋势。

表7.5　景德镇2004~2019年经济发展水平

年份	动力升级指数（dlsj）	生态和谐指数（sthx）	社会进步指数（shjb）	经济基本盘指数（jjbp）	区域经济总指数（qyjj）
2004	4.92	13.38	0.01	1.78	20.10
2005	3.53	14.59	0.65	4.61	23.38
2006	3.25	6.86	1.41	4.17	15.69
2007	2.03	7.71	2.99	4.42	17.15
2008	8.40	4.48	4.14	6.18	23.20
2009	6.99	14.83	5.41	8.18	35.41
2010	7.19	15.92	7.18	9.64	39.94
2011	7.91	13.27	10.41	11.48	43.07
2012	1.77	16.87	11.69	16.61	46.94
2013	13.37	15.12	14.01	17.79	60.29
2014	16.33	14.85	14.79	19.74	65.71
2015	19.03	16.71	16.96	20.29	72.99
2016	15.58	17.08	18.82	20.80	72.28
2017	12.50	18.24	21.14	21.25	73.12
2018	9.10	19.65	19.39	23.02	71.16
2019	15.72	19.63	15.12	17.72	68.19

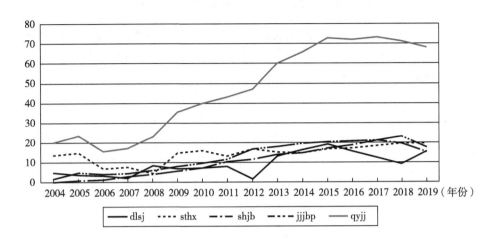

图 7.2 2004～2019 年景德镇经济发展水平时序

三、景德镇陶瓷产业集聚和区域经济
发展的相关性分析

1. 陶瓷产业集聚和区域经济相关性分析

表 7.6 展示了基于景德镇陶瓷产业的产值、企业数量和年平均就业人数计算的陶瓷产业的区位商和景德镇经济发展总指数之间的相关性。结果显示：景德镇区域经济发展总指数与基于景德镇陶瓷产业的产值、企业数量计算的陶瓷产业区位商呈现正向相关关系，其中与基于景德镇陶瓷产业产值计算的陶瓷产业区位商相关性最强，相关系数达到 0.7534；景德镇区域经济发展总指数与基于景德镇陶瓷产业的从业人员计算的陶瓷产业区位商呈现负向相关关系，可能是由随着经济发展和陶瓷产业技术水平的提高，资本逐渐代替劳动，陶瓷产业的就业人数整体呈现下降趋势所致。

表 7.6 陶瓷产业集聚水平和经济发展总指数相关性分析

变量	陶瓷产业集聚——基于工业产值计算	陶瓷产业集聚——基于企业数计算	陶瓷产业集聚——基于就业人数计算	经济发展总指数
陶瓷产业集聚——基于工业产值	1.0000			
陶瓷产业集聚——基于企业数计算	0.2052	1.0000		
陶瓷产业集聚——基于就业人数计算	−0.5390	0.3345	1.0000	
经济发展总指数	0.7534	0.0688	−0.7199	1.0000

2. 陶瓷产业集聚和经济发展四个指数的相关性分析

根据表 7.7 陶瓷产业集聚和经济发展四个指数的相关系数可知，基于景德镇陶瓷产业产值计算的陶瓷产业集聚水平和景德镇经济发展总指数、动力升级指数、生态和谐指数、社会进步指数、经济基本盘指数呈现显著的正向相关关系。

表 7.7 景德镇陶瓷产业集聚和经济发展分指数关系

变量	陶瓷产业集聚——基于工业产值计算	动力升级指数	生态和谐指数	社会进步指数	经济基本盘指数	区域经济指数
陶瓷产业集聚——基于工业产值计算	1.0000					
动力升级指数	0.6831	1.0000				
生态和谐指数	0.4095	0.4758	1.0000			
社会进步指数	0.7935	0.7480	0.7100	1.0000		
经济基本盘指数	0.7445	0.7382	0.7310	0.9834	1.0000	
区域经济指数	0.7534	0.8287	0.7876	0.9749	0.9767	1.0000

四、景德镇陶瓷产业集群与区域
经济发展的空间耦合

（一）时序图

我们利用陶瓷产业集聚 LQ 指标分别从工业总产值（lq_ changzhi）、企业数（lq_ qiyeshu）、从业人员（lq_ congye）三个角度测度了景德镇陶瓷产业的集聚水平。景德镇陶瓷产业集聚与区域经济总指数（qyjj）的时序图如图 7.3 所示。整体上，根据工业总产值、企业数计算的景德镇陶瓷产业的集聚水平与区域经济总指数呈现较为一致的增加趋势，陶瓷工业从业人员测度了景德镇陶瓷产业的集聚水平与区域经济总指数呈现反向的变

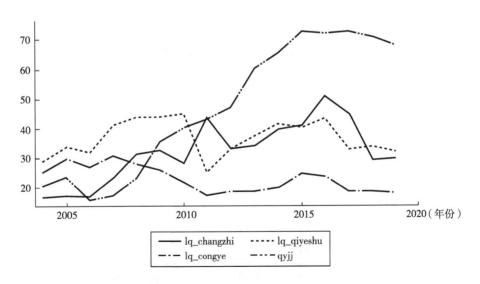

图 7.3 景德镇陶瓷产业集聚与区域经济总指数时序

动趋势。根据工业总产值计算的景德镇陶瓷产业的集聚水平与区域经济总指数呈现较高程度的一致性，且陶瓷产业总产值能够较为全面地衡量陶瓷产业的变动趋势，因此在分析陶瓷产业集聚和区域经济的时间耦合时，选择基于景德镇陶瓷产业产值计算的陶瓷产业集聚水平较为合适，下文分析中选取了基于景德镇陶瓷产业产值计算的陶瓷产业集聚水平的测度方法。

（二）单位根检验

根据表 7.8 景德镇陶瓷产业集聚与区域经济总指数单位根检验，为保证单位根检验结果的可靠性，选取 ADF 检验、PP 检验、DF-GLS 检验三种检验方法分别对景德镇陶瓷产业集聚与区域经济总指数的原序列和差分序列进行单位检验。根据工业总产值（lq_ changzhi）、企业数（lq_ qiye-shu）、从业人员（lq_ congye）三个角度测度了景德镇陶瓷产业的集聚水平、区域经济总指数（qyjj）。根据表 7.8 结果显示，景德镇陶瓷产业集聚和区域经济总指数原序列都是不平稳的，一阶差分序列根据少数服从多数原则也不平稳，二阶差分序列平稳，说明景德镇陶瓷产业集聚与区域经济总指数都为二阶单整序列。

表 7.8　景德镇陶瓷产业集聚与区域经济总指数单位根检验

序列	变量	检验方法	t 统计量	1%临界值	5%临界值	10%临界值	P 值	结果
原序列	qyjj	ADF 检验	0.393	-4.38	-3.6	-3.24	0.9966	不平稳
原序列	qyjj	PP 检验	-1.559	-4.38	-3.6	-3.24	0.808	不平稳
原序列	qyjj	DF-GLS 检验	-1.635	-3.77	-2.78	-1.913	—	不平稳
一阶差分	d(qyjj)	ADF 检验	-0.126	-4.38	-3.6	-3.24	0.9927	不平稳
一阶差分	d(qyjj)	PP 检验	-2.081	-4.38	-3.6	-3.24	0.5566	不平稳
一阶差分	d(qyjj)	DF-GLS 检验	-0.476	-3.77	-2.667	-1.575	—	不平稳
二阶差分	d2(qyjj)	ADF 检验	-6.44	-4.38	-3.6	-3.24	0	平稳
二阶差分	d2(qyjj)	PP 检验	-6.725	-4.38	-3.6	-3.24	0	平稳

续表

序列	变量	检验方法	t 统计量	1%临界值	5%临界值	10%临界值	P 值	结果
二阶差分	d2(qyjj)	DF-GLS 检验	-2.829	-3.77	-2.585	-1.12	—	平稳
原序列	lq_ changzhi	ADF 检验	-0.855	-4.38	-3.6	-3.24	0.9607	不平稳
原序列	lq_ changzhi	PP 检验	-1.438	-4.38	-3.6	-3.24	0.8493	不平稳
原序列	lq_ changzhi	DF-GLS 检验	-1.556	-3.77	-2.78	-1.913	—	不平稳
一阶差分	d(lq_ changzhi)	ADF 检验	-2.353	-4.38	-3.6	-3.24	0.4048	不平稳
一阶差分	d(lq_ changzhi)	PP 检验	-4.145	-3.75	-3	-2.63	0.0008	平稳
一阶差分	d(lq_ changzhi)	DF-GLS 检验	-0.613	-3.77	-3.635	-2.203	—	不平稳
二阶差分	d2(lq_ changzhi)	ADF 检验	-4.916	-4.38	-3.6	-3.24	0.0003	平稳
二阶差分	d2(lq_ changzhi)	PP 检验	-7.878	-4.38	-3.6	-3.24	0	平稳
二阶差分	d2(lq_ changzhi)	DF-GLS 检验	-5.911	-3.77	-2.585	-1.12	—	平稳

（三）协整检验

根据表 7.9 与表 7.10 景德镇陶瓷产业集聚与区域经济总指数协整检验结果：采用 Trace 统计量和 Max 统计量检验根据工业总产值测度了景德镇陶瓷产业的集聚水平与区域经济总指数是否存在协整关系。根据赤池信息准则，本书选择协整检验的滞后期为 2，Johansen 协整检验结果表明，在原假设"不存在协整关系"的条件下，Trace 统计量值为 15.195，小于 5%的临界值 18.17，接受不存在协整关系的原假设；Max 统计量值为 13.616，小于 5%的临界值 16.87，接受不存在协整关系的原假设。检验结果说明，景德镇陶瓷产业集聚与区域经济总指数之间不存在协整关系。

表 7.9　景德镇陶瓷产业集聚与区域经济总指数协整检验（Trace 统计量）

变量	原假设	特征值	最大特征值	Trace 统计量	0.05 临界值	检验结果
lq_ changzhi	不存在协整关系	-89.985	—	15.195	18.17	接受
qyjj	至多存在一个协整关系	-83.177	0.62188	1.579	3.74	接受

表 7.10　景德镇陶瓷产业集聚与区域经济总指数协整检验（Max 统计量）

变量	原假设	特征值	最大特征值	Max 统计量	0.05 临界值	检验结果
lq_ changzhi	不存在协整关系	−89.985	—	13.616	16.87	接受
qyjj	至多存在一个协整关系	−83.178	0.62188	1.579	3.74	接受

（四）VAR 模型建立

由于相关分析中基于企业数计算和基于就业人数计算的陶瓷产业区位商和区域经济总指数相关性较低，基于工业产值计算的陶瓷产业区位商和区域经济总指数相关性较高，因此选择景德镇陶瓷产业集聚与区域经济总指数建立 VAR 模型，如表 7.11 所示。

表 7.11　VAR 模型滞后阶数的选择

滞后期	Log L	似然比	自由度	P 值	赤池信息准则 AIC	HQ 统计量 HQIC	施瓦茨准则 SBIC
0	−71.2524	—	—	—	14.6505	14.5841	14.711
1	−66.1275	10.25	4	0.036	14.4255	14.2263	14.607
2	−62.627	7.001	4	0.136	14.5254	14.1935	14.828
3	−56.6789	11.896 *	4	0.018	14.1358 *	13.6711 *	14.5594 *

注：* 表示最佳的滞后阶数。

建立景德镇陶瓷产业集聚与区域经济总指数的 VAR 模型，首先需确定滞后阶数，滞后阶数选择是进行向量自回归分析的重要一步。选择滞后期过长会导致模型估计的参数过多、自由度下降以及模型效率降低，过短会使残差非白噪声序列，容易出现估计偏差，导致结果不准。本书在最佳滞后期准则 AIC、HQIC、SBIC 基础上确定滞后阶数为 3 阶。

VAR 模型的估计结果如表 7.12 所示。

表 7.12 VAR 模型估计结果

变量		系数	标准误	t 值	P 值
		陶瓷产业集聚			
dlq_ changzhi	L1.	−0.3198	0.466617	−0.69	0.524
	L2.	−0.42676	0.64881	−0.66	0.54
	L3.	−0.23254	0.726471	−0.32	0.762
dqyjj	L1.	0.580009	0.855376	0.68	0.528
	L2.	0.149523	0.683079	0.22	0.835
	L3.	−0.08212	0.663204	−0.12	0.906
	c	−0.36943	6.406421	−0.06	0.956
		区域经济总指数			
dlq_ changzhi	L1.	0.074993	0.18976	0.4	0.709
	L2.	0.065977	0.263853	0.25	0.812
	L3.	−0.36813	0.295435	−1.25	0.268
dqyjj	L1.	0.455614	0.347857	1.31	0.247
	L2.	−0.06085	0.277789	−0.22	0.835
	L3.	−0.42155	0.269706	−1.56	0.179
	c	5.048656	2.605309	1.94	0.11

图 7.4 对所建的 VAR 模型运用 AR 根图表法进行模型的平稳性检验，根据图中所示，所有特征根的倒数值绝对值均小于 1，因此所建的 VAR 模型是稳定的。

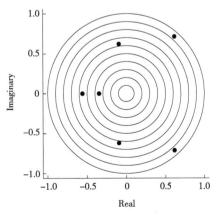

图 7.4 平稳性检验

注：Graphs by irfname, impulse variable, and response variable.

根据表 7.13 Granger 因果关系检验结果显示：景德镇陶瓷产业集聚不是区域经济总指数的格兰杰原因，区域经济总指数也不是景德镇陶瓷产业集聚的格兰杰原因。即景德镇陶瓷产业集聚与区域经济总指数不是相互的格兰杰原因。

表 7.13　Granger 因果关系检验

因果关系假设	滞后期	F 统计量	P 值	检验结果
陶瓷产业集聚不是区域经济总指数的格兰杰原因	3	0.23469	0.8687	接受
区域经济总指数不是陶瓷产业集聚的格兰杰原因	3	1.3828	0.3497	接受

如图 7.5 所示，景德镇陶瓷产业集聚对区域经济总指数的动态效应呈现较小的促进作用，置信区间较大；区域经济总指数对景德镇陶瓷产业集聚的动态效应也呈现较小的作用，置信区间相对较小；因此，景德镇产业集聚和经济发展总指数呈现较小的动态促进效应。

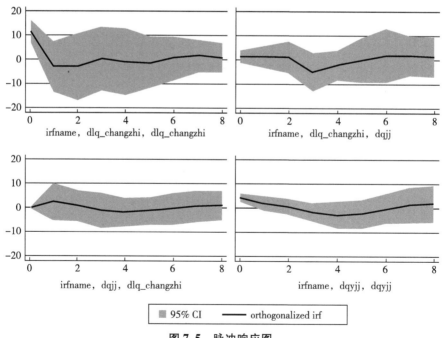

图 7.5　脉冲响应图

表 7.14 经济发展总指数方差分解结果显示：第一期，经济发展指标方差 91.88% 由自身解释，8.12% 由陶瓷产业集聚解释；第八期，经济发展指标方差 50.29% 由自身解释，49.71% 由陶瓷产业集聚解释；随着时间的推移，经济发展总指数受陶瓷产业的影响较大。

表 7.14　经济发展的方差分析

impulse = dlq_ changzhi, response = dqyjj				impulse = dqyjj, response = dqyjj			
step	fevd	Lower	Upper	step	fevd	Lower	Upper
1	0.08	−0.22	0.38	1	0.92	0.62	1.22
2	0.14	−0.37	0.64	2	0.86	0.35	1.37
3	0.17	−0.56	0.90	3	0.83	0.10	1.56
4	0.51	−0.09	1.10	4	0.49	−0.10	1.08
5	0.49	−0.06	1.04	5	0.51	−0.04	1.06
6	0.46	−0.09	1.01	6	0.54	−0.01	1.09
7	0.49	−0.18	1.15	7	0.51	−0.15	1.18
8	0.50	−0.13	1.12	8	0.50	−0.12	1.13

表 7.15 景德镇陶瓷产业集群方差分解结果显示：第二期，陶瓷产业集群方差 95.42% 由自身解释，4.58% 由经济发展解释；第八期，陶瓷产业集群方差 92.26% 由自身解释，7.74% 由经济发展解释；陶瓷产业受经济发展的影响较小，也就是耦合度较低。

表 7.15　产业集群发展的方差分析

impulse = dlq_ changzhi, response = dlq_ changzhi				impulse = dqyjj, response = dlq_ changzhi			
step	fevd	Lower	Upper	step	fevd	Lower	Upper
1	1	1	1	1	0	0	0
2	0.95	0.70	1.21	2	0.05	−0.21	0.30
3	0.95	0.71	1.19	3	0.05	−0.19	0.29
4	0.94	0.68	1.21	4	0.06	−0.21	0.32
5	0.93	0.59	1.27	5	0.07	−0.27	0.41
6	0.92	0.55	1.30	6	0.08	−0.30	0.45
7	0.92	0.55	1.30	7	0.08	−0.30	0.45
8	0.92	0.53	1.31	8	0.08	−0.31	0.47

五、景德镇陶瓷产业集群与区域经济
高质量发展耦合的时间预测

根据景德镇陶瓷产业集群的数据基于工业产值计算的陶瓷产业集聚、基于企业数计算的陶瓷产业集聚、基于就业人数计算的陶瓷产业集聚对时间 t 做回归，线性预测如下：

lq_ changzhi 线性预测值 = -3015.011 + lq_ changzhi × 1.514715

lq_ qiyeshu 线性预测值 = -64.49471 + lq_ qiyeshu × 0.050232

lq_ congye 线性预测值 = 1439.549 + lq_ congye × (-0.7044466)

根据上述线性预测的方程式，预测景德镇 2020 ~ 2025 年的陶瓷产业集聚数据如表 7.16 所示。

表 7.16　景德镇 2020 ~ 2025 年的陶瓷产业集聚数据的预测

年份	基于工业产值计算 （lq_ changzhi）	基于企业数计算 （lq_ qiyeshu）	基于就业人数计算 （lq_ congye）
2020	44.71	36.97	16.57
2021	46.23	37.02	15.86
2022	47.74	37.07	15.16
2023	49.26	37.12	14.45
2024	50.77	37.17	13.75
2025	52.29	37.23	13.04

根据景德镇经济发展的动力升级指数、生态和谐指数、社会进步指数、经济基本盘指数、区域经济指数，对时间 t 做回归，线性预测如下：

dlsj 线性预测值 = -1740.362 + 0.8697935 × dlsj

sthx 线性预测值＝－1334.546+sthx×0.6705802

shjb 线性预测值＝－2912.95+shjb×1.453247

jjjbp 线性预测值＝－2944.411+jjjbp×1.470241

qyjj 线性预测值＝－8932.27+4.463862×qyjj

根据上述线性预测的方程式，预测景德镇 2020~2025 年的经济发展数据如表 7.17 所示。

表 7.17 景德镇 2020~2025 年的经济发展数据预测

年份	动力升级指数 （dlsj）	生态和谐指数 （sthx）	社会进步指数 （shjb）	经济基本盘指数 （jjjbp）	区域经济指数 （qyjj）
2020	16.62	20.03	22.61	25.48	84.73
2021	17.49	20.70	24.06	26.95	89.20
2022	18.36	21.37	25.52	28.42	93.66
2023	19.23	22.04	26.97	29.89	98.12
2024	20.10	22.71	28.42	31.36	102.59
2025	20.97	23.38	29.88	32.83	107.05

六、结果与启示

（一）结果

根据本章的研究结果，得到如下结论：

第一，从陶瓷产业总产值和企业数量来看，景德镇陶瓷产业的区位商小于1，大体呈现两次先增后减的趋势，呈现 M 形变化，整体专业化水平不高；从陶瓷产业平均从业人数来看，景德镇陶瓷产业的区位商小于

1，整体呈现先增后减的趋势，显示的整体专业化水平不高。

第二，景德镇 2004～2019 年经济发展总指数整体呈现明显的增加趋势，2015 年以后经济发展总指数增加趋势放缓。动力升级指数、生态和谐指数、社会进步指数、经济基本盘指数总体呈现较为一致的上升趋势，实现经济发展、生态和谐、社会进步的和谐发展局面，其中动力升级指数在2015 年后较为明显的下降导致经济发展总指数在该阶段呈现较为缓慢的上升。

第三，景德镇区域经济发展总指数与基于景德镇陶瓷产业的产值、企业数量计算的陶瓷产业区位商呈现正向相关关系，其中与基于景德镇陶瓷产业的产值计算的陶瓷产业区位商相关性最强，相关系数达到 0.7534；景德镇区域经济发展总指数与基于景德镇陶瓷产业的从业人员计算的陶瓷产业区位商呈现负向相关关系，可能是由于随着经济的发展和陶瓷产业技术水平的提高，资本逐渐代替劳动，陶瓷产业的就业人数整体呈现下降趋势。基于景德镇陶瓷产业的产值计算的陶瓷产业集聚水平和景德镇经济发展总指数、动力升级指数、生态和谐指数、社会进步指数、经济基本盘指数呈现显著的正向相关关系。

总体来说，景德镇陶瓷产业集聚与区域经济总指数之间存在长期均衡关系。景德镇产业集聚和经济发展总指数呈现较小的动态促进效应。随着时间的推移，经济发展总指数受陶瓷产业的影响较大。陶瓷产业受经济发展的影响较小，也就是耦合度较低。这与前文的耦合实证研究结论是吻合的。

（二）启示

第一，在历史上，景德镇制瓷业相当发达，一度被誉为"世界瓷都"，其陶瓷产业集群更是我国历史悠久的产业集群之一。在近现代经济发展历史上，它取得了辉煌的成就，甚至可以与当今世界各地成功的产业集群相媲美。景德镇陶瓷产业集群化的过程，更多地体现了集约化的特征，即产业上下游相关经济主体联系紧密，基础设施建设及制度体系得到政府的支持及完善。然而，近年来，景德镇陶瓷产业集群却跟不上市场经济时代的快节奏，产业发展显现萎靡的状态。"一座城市支撑了一个产业发展。"（郭建晖等，2019）现如今，陶瓷产业集群却没有转化为景德镇区域经济发展的动力，反而限制了集群的进一步发展。究其原因，景德镇陶瓷产业集群的发展过度依赖于传统的工业基础，思想封闭，陷入"分工僵化"的陷阱。过度地对原有路径产生依赖会导致产业发展停滞不前，难以突破瓶颈，抑制产业持续创新能力等。由此可知，为了使产业重新焕发生机，景德镇陶瓷产业集群需尽快摆脱路径依赖的约束，加快产业升级，提升创新能力，寻找一条具有景德镇特色的发展路径，形成有效的路径创造机制。

第二，从前文的研究可以发现，佛山作为国内陶瓷产业集群发展的标杆，其集群与区域经济发展的耦合协调度最高。实际上，景德镇和佛山都具有悠久的陶瓷生产历史。根据史书记载，景德镇"新平冶陶，始于汉世"，佛山"石湾瓦，甲天下"，这些文献都充分说明了景德镇和佛山具备扎实雄厚的陶瓷产业生产链。尽管这两地都具有漫长的陶瓷发展历程，但是两地长期形成的不同发展观念，导致了它们走向了不同的发展轨迹和路径。佛山陶瓷产业集群从形成开始就一直处在竞争环境中，经受着起伏跌宕的外部环境的考验。佛山民窑在其陶瓷产业集群形成和演化过程中长期处于主导地位，民窑间的竞争合作关系依靠专业化分工的发展紧密联系着，它们不断适应环境变化并持续向前发展，并练就了自主经营、自由竞争、快速反应、产业化发展的意识和本领。另外，珠三角地区是改革开放的前沿地区，更能直接地面临市场经济的挑战，而佛山陶瓷产业身处其中，在市场经济的锻炼下迅速成长。

佛山陶瓷产业集群与区域经济发展的耦合度较高，说明在佛山陶瓷产业集群内企业已经形成了良好的网络关系、较大规模的市场以及陶瓷产业的高度专业化，也说明了旺盛的市场需求、创新研发机制和产业组织结构优化才是拉动陶瓷产业集群发展的根本动力。在过去，市场竞争环境相对稳定，景德镇陶瓷产业取得过领先地位和辉煌的成就。但是，景德镇陶瓷产业集群以及当地经济发展不能再沉溺于过去的发展模式，推动陶瓷产业的持续发展和城市创新竞争能力提升才是关键。

第三，在国家陶瓷文化传承创新试验区建设的背景下，如何能够确保景德镇陶瓷产业集群的升级以及区域经济的可持续发展，两者都是亟待解决的重要问题。景德镇陶瓷产业集群升级无论是区域化视角下集群效率驱动的内源化升级，还是价值链视角下价值链嵌入驱动的外源式升级，都面临"升级陷阱"。集群内源式升级面临的"升级障碍"是指集群创新能力的缺乏可能无法促进集群的升级；即使集群内企业的创新能力相对较高，升级仍然可能因为出现传递障碍而无法实现。集群外源式升级面临的"天花板效应"是指位于价值链高端的企业不希望中低端集群升级，陶瓷产业更难通过从价值链主导企业那里获得的学习效用来升级到价值链的高端。而景德镇的经济建设和陶瓷产业集群的升级密切相关；两者现实存在的低耦合现状，说明产业集群升级的实质是创新能力的提升。因为集群的根植性，集群创新最终发生在其所处的城市中。只有促进创新能力提升，才能使陶瓷产业集群与景德镇区域经济发展相互促进、共同发展，即实现高度耦合。在集群面临"升级陷阱"以及区域经济建设可持续性出现不足的双重不利情况下，耦合效应的存在为景德镇陶瓷产业集群发展和区域经济的持续建设提供了新思路：两者的协调发展既能促进两者实现自身目标，又对对方的发展同样意义重大。因此，在实践中，既要促进二者的耦合，又要利用二者的耦合作用。一是注重培育耦合动力机制。既要注重完善市场和政府的外部动力机制，又要使得主体的内部创新作用得以发挥。二是要创造良好的政策环境，确保耦合机制在耦合系统演化过程中发生。

第八章

结论与政策建议

一、主要结论

本研究主要结论包括：

第一，产业集群与区域经济发展的耦合可以被界定为：在集群生产及演进的历史进程中，产业集群与区域经济发展彼此促进、相互渗透的现象。从经济活动的发展过程来看，这二者耦合的外在表现主要集中于两个方面：一是区域经济发展对产业集群演进的推动作用。利用资源优势和地域特征以及宏观调控等方式，区域经济发展进步推动着产业集群的形成与演进，同时也为产业集群的发展提供载体和依托。二是产业集群反作用于区域经济发展实力的提升。产业集群模式不仅深化了分工协作制度，还刺激了企业技术加快更新换代，为区域经济发展注入新活力。另外，产业集群与区域经济发展的空间耦合机制包括产业集群特征与区域经济发展空间结构的耦合、产业集群演化与区域经济发展的空间的耦合、集群创新与区域创新的耦合以及产业集群与区域经济发展空间社会网络的耦合。

第二，产业集群与区域经济发展空间两个系统通过耦合元素相互影响、互相促进的现象就是产业集群——区域经济发展耦合。这一耦合现象的运行机理表现在两个方面：一是产业集群可以推动产业转型，调整产业结构及布局，为技术创新和配套产业的升级优化创造了良好的条件，最终促进区域经济发展空间结构的完整，助力经济增长；二是区域经济发展通过基础设施、生产要素和资本为产业集群提供支撑。

第三，我国陶瓷产业的集群情况呈现以下特点：一方面，我国陶瓷产业集群现状并不乐观。LQ 系数超过 1 的有广东、河北、福建、江西、山东、广西、上海、江苏 8 个省份。这与传统的瓷器名产地并不吻合，拥有瓷器名都醴陵的湖南就不在此列。另外，上海经济实力和贸易能力强大，而且与陶瓷生产强省江苏毗邻，所以当地的陶瓷产业主要与产业链上游的设计与文化、下游的销售与物流有关，产业链并不完整。另一方面，我国陶瓷产业地区发展极不均衡。产业集群较明显的几大省份，如广东的 LQ 系数超过了 3，河北和福建的 LQ 系数超过了 2。大多数省份的 LQ 系数低于 1，且水平参差不齐。长此以往，结合陶瓷产业受路径依赖与缺乏创新特色的局限，各大主要陶瓷产地之间集群程度的差异将不断拉大，且深入研究后发现，各陶瓷产地之间的聚集效应差异已经反映在当地经济发展中。良好的集群状况实质上对于区域经济发展起着至关重要的作用，尤其是陶瓷产业所需资金较大，产业链条较长，对基础设施和自然环境的要求较高，以陶瓷为主要产业的地区都会形成一定程度的集群之势，并且与区域经济发展有着千丝万缕的联系，这些联系能否促进本区域产业集群与区域经济发展空间的良性耦合效应发挥作用的一大前提就是陶瓷产业自身的情况优劣。

第四，本书针对我国主要陶瓷产业的区域经济发展和产业集群发展状况进行了综合评价。研究结果表明，首先，佛山在区域经济发展和产业集群方面均排在第一位，这显示了佛山作为我国陶瓷制造强市，具有一流的区域经济发展和陶瓷产业集群发展水平。其次，泉州在区域经济发展方面排名第三，在产业集群方面排名第五，邯郸在这两个方面均列第四，这两个城市在区域经济发展和产业集群发展上表现得较为均衡。再次，唐山居区域经济发展第二位，产业集群方面却只能屈居第七，潮州和景德镇在区域经济发展上分别位列倒数第一和倒数第二，但在产业集群方面却分别高居第二和第三，显示了两个城市在陶瓷产业发展上的显著优势。最后，淄博、株洲、乐山三个城市无论是在区域经济发展还是产业集群发展方面均不算亮眼，但也表现得较为均衡。

另外，近十年，这9个重要的陶瓷产区的区域经济发展排名并未发生变化，但产业集群发展水平却显示出微妙的变化。具体来看，泉州、潮州、邯郸的排名均有比较明显的提升，而淄博、株洲的排名下降得较为严重。联系之前利用区位商分析得到的结果，2011年后河北整体陶瓷产业呈现良好的集聚发展局面，邯郸作为河北的主要陶瓷产区，其产业集群发展水平明显提升并不意外。泉州、潮州也都凭借着区位优势发展了良好的外向型陶瓷经济。至于淄博、株洲的排名后退，是产业竞争中不进则退的具体体现。由于淄博、株洲并没有利用这段窗口期加强其陶瓷产业集群发展水平，很快被其他陶瓷产区追赶并超越。

第五，陶瓷产业集群与区域经济发展在区位空间、资源要素、创新体系和发展目标等多个方面存在着耦合关系，本书研究了陶瓷产业集群与区域经济发展的耦合关系及其内在机制，发现只有少数陶瓷产区实现产业集群与区域经济发展良性耦合和协调共进，而多数陶瓷产区面临发展阻滞、短板凸显问题，根本原因是陶瓷产业集群与区域发展各子系统存在欠耦合。

第六，景德镇陶瓷产业集聚与区域经济总指数之间存在长期均衡关系。景德镇产业集聚和经济发展总指数呈现较小动态促进效应。随着时间的推移，经济发展总指数受陶瓷产业的影响较大。陶瓷产业受经济发展的影响较小，也就是耦合度较低。

关于陶瓷产业集群和区域经济发展耦合研究还有很多内容可以进行，如通过对陶瓷产业销售数据和国际贸易数据的分析、通过对陶瓷产品的品牌对销售的影响等对耦合进行更加细致的研究，笔者将进一步收集资料，将研究深入下去。

二、促进陶瓷产业集群与区域经济高质量发展耦合的政策建议

陶瓷是我国文化宝库中极具代表性和价值的产物，是民族精神的象征。对于以陶瓷产业为支柱产业的地区，如江西景德镇、广东佛山、福建德化等地而言，陶瓷产业积累了丰富的生产经验，培养了大批能工巧匠，一度成为本区域的核心生产力，为当地居民提供了大量的就业机会，激发了当地创新活力。然而，近年来，经济增长速度不断放缓，产业结构亟须调整。陶瓷产业发展面临严峻的内外环境。一方面，国外越来越多的国家异军突起，生产出品种丰富、质量较好且价格适中的特色瓷器，不但挤占了大量国际市场份额，还带走了一部分国内需求。另一方面，环保意识的提升对陶瓷产业的制作工艺提出了更高的要求。陶瓷产业有明显的资源依赖性，因而原料方面的要求较严格，加上人力成本不断上升，造成企业生产成本大幅增加。对外竞争日益剧烈，对内成本不断增加，如何提高陶瓷产业的竞争实力，促进区域协调发展，是政府、企业乃至个人都十分关心的问题。基于此，本书结合前人的研究成果和实地调研，尝试提出以下具有操作性的政策建议。

（一）促进跨区产业协作，拓展区位空间综合实力

当前，随着交通便利程度的提升和集群经济的发展，跨区域的协作已经渗透到了国民经济的各个方面，如技术性的合作、产业链的互补、资源的交换等。就陶瓷产业而言，以广东佛山和南海的陶瓷产区为例，跨区协作的优势明显，突出体现在以下几个方面：一是产供销一条龙的运营链充分带动了上中下游产业的发展，不同区域的经济实体利用当地优势，共同

缔造了广东陶瓷产业的辉煌。二是健全的内部信息网络是集群产业的代表性优势，信息化的迅速发展大大降低了不同地区的不同经济实体之间信息互换的成本，降低了信息不对称程度。虚拟经济和实体经济之间互为所需，不仅仅可以加快信息流通，提升研发活力，更可以迅速实现客户需求和市场供应的有效对接，实现更高层面的按需生产，这也是广东陶瓷产业专业化定制得以长期存续的基础。三是集群产业链的发展已经突破了传统的行政区域划分。从微观层面来看，各个行政区域内部有自身具有优势的中小型产业集群，按县、市等行政级别具有不同的规模。综合来看，相邻几个市或县实际上共同协作，精细分工，构成了功能更齐全、实力更强劲的产业群，既实现了优势互补，又避免了同质恶性竞争，充分利用了整体性和互补性。

综上可得，跨区协作既是大势所趋也是未来经济发展的重要战略选择，对陶瓷产业集群来说，要充分实现跨区协作，关键在于做好以下两个方面：第一，营造积极的创新氛围，完善区域创新环境。从软环境上确保本区域创新文化的培育，刺激企业家、知识分子及政府工作人员共同寻求突破。同时，应做好技术研发中心、工作室、产业园区等硬性条件的满足工作，搭建功能全面的产业信息平台，发挥产学研结合的优势，确保创新环境。第二，应从整个产业链的角度出发，利用政策引导，同其他区域的政府部门群策群力，集中力量建设好互通高速、跨区轨道等基础设施，共同扶持物流配送、电子商务、中介机构、培训中心等相配套产业的发展。利用上述具体措施能够充分调动不同产业不同区域的优势资源，提升全局实力，促进各地陶瓷产业的良性发展，提升本区产业耦合的协调度和关联度。

（二）构建专业化陶瓷市场，完善市场要素资源配置

纵观近几十年来大型产业集群的形成、演进以及成熟的历程可以发现，专业化的市场在产业集群的演变及其与区域不同主体的互动过程中都扮演着重要的角色，为城市及工业化进程做出了巨大贡献。这是由于，一

是专业化程度较高的本区域市场可以网罗来自世界各地的交易信息及不同的生产要素，这给一些单纯依靠自身实力无法壮大的小微型企业或厂商提供了融资平台、销售渠道、新兴技术等重要资源，并帮助其进一步克服信息不对称的缺陷。二是专业化程度较高的市场为集群内部的企业提供了最新的需求信息、产品销售情况及潜在的顾客需求点等重要的市场信息，便于企业灵活调整运营战略和扩张模式，壮大集群实力。同时一些专业化市场的存在也常常诱发大量同类及相关联企业的靠拢，最终形成新的产业集群，为区域实力提升创造更多机遇。三是专业化市场能够细化专业化分工，提升集群企业的科研实力，增加产品的附加值，不仅在量上增加产品供应，更在质上提升产品性能。专业化市场本身的社会服务性及其对生产要素的聚拢作用能够实现需求和生产的有效对接，生产者可以从纵向上了解产品生产、销售的全过程，从横向上得知不同产品各个配件的产地等信息，据以调整企业内、集群内、区域内、区与区之间等多重层面的专业化分工体系，确保专业化水平的不断提升和资源的有效配置。

由此可见，专业化陶瓷市场对拉动本区域陶瓷产品的需求增长以及拓宽本区域其他产品的销售渠道意义非凡。因此，必须群策群力，重点把握好以下几个关键点，全力打造功能齐全、信息通畅、资源丰富的专业化市场。

第一，加快推进产业链纵深延伸，促进市场功能完善，带动产品"产销一体化"建设。当前，较为典型的陶瓷产业集群地如景德镇、佛山等，陶瓷产业链内的分工均以横向一体化为主，各陶瓷产区的企业家多倾向于横向合作，与发达国家的典型陶瓷产区相比，国内陶瓷花色单一、更新缓慢、格调容易过时。这就使得国内陶瓷产业难以打开国际市场，严重阻碍了我国陶瓷产品的市场扩张，应积极向西方发达国家借鉴经验，建立健全本区域内的市场体系和精细的专业化分工，大公司与中小规模的陶瓷企业之间形成了层级分明的纵向分工体系。在这种状态下，大公司可以充分利用自身的技术先进性、发达的信息网络及充足的资本供应等优势集中力量研发新产品，提出新创意带动下游供应企业发展新技术，改善自身的产品研发环境和市场竞争力，而处于初级加工状态的中小企业，则通过承接上游企业的分包业务发展自身生产力，成为上游企业的合作者而不是单纯的同质竞争者，共同致力于把"蛋糕"做大，提高产品内在价值，取得顾客的信赖。

第二，加快市场服务体系建设，完善专业市场服务功能。与政府部门携手建立并持续维护产品销售市场的竞争秩序和资金市场的有效运作。政府部门可以通过降低利率、优惠税收、建设基础设施等方式鼓励资本持有者将资金投向物流、陶瓷工作室、建筑瓷研发、网络销售平台建设等与陶瓷行业发展紧密关联的行业中去，确保资本市场的充足供应。同时，应当积极吸收高水平人才落户陶瓷产区，并给予住房、酬劳等方面的补贴，企业可以与当地高校合作，一方面为高校学子提供实践平台，另一方面能够及时吸收最新教学成果，提高陶瓷产品的内在价值，同时企业应当重视人才队伍的建设工作，为本地高校毕业生提供更多的就业机会，齐心协力保证专业化人才市场的高效运行。除人力与资金供应外，原料供应市场的秩序也十分重要，政府部门要加强质量监管部门的检查力度和频次，把好原料关，打压哄抬物价及低劣原料流入等不当竞争行为，既保证原料供应的数量，也坚守陶瓷产品原料的质量。生产环节的运行得到保障的同时应加强销售市场的建设。一方面陶瓷企业要积极增加陶瓷产品种类供应，根据市场需求对口生产，准确进行市场定位并带动物流、中介、旅游等相关行业的进步。另一方面政府必须同行业龙头企业一起通力维护竞争秩序，诚信经营，打造区域品牌。要鼓励大众创业、万众创新，积极利用当前互联网大潮，发展线上销售平台、线上展示馆、虚拟体验平台等电子平台，克服距离缺陷，最大限度地挖掘市场潜力，尤其是建筑瓷、工业用瓷等行业，市场潜力巨大，但是受限于信息传播及产品运输等问题，不能充分了解顾客需求及展示自身产品的优越性，导致建筑用瓷一直未能完全打开销路。因此，除依靠传统的展会、大型交易市场等方式推销陶瓷产品外，更应结合时代特性利用好互联网和大数据的优势，进一步完善陶瓷产品的销售市场，同时充分带动互联网行业、通信行业等有关联行业的发展，扩大本土就业数，增加本区竞争实力。

第三，提升本区域专业化市场实力，强化配置内部资源，提高陶瓷产业及相关行业的资源使用效率，最大限度节约生产要素的同时物尽其用、人尽其才。历览国内陶瓷产区的成长史，明显可以看出劳动力的充足供应和廉价特质对大多数典型陶瓷产业集群的发展壮大都起到了重要作用。同时，充足的自然资源也是陶瓷产区兴盛的必备要素之一。但是许多陶瓷企业的生产技艺较为落后，资源浪费现象严重，并且劳动力的锐减和大量流失成为许多陶瓷产区面临的发展难题。可见，必须加紧制定人才培育方案并留住人才，多打造专业的培训机构，提升本区域生产工艺及制造水平，加强与高校之间的交流对接，学校应及时调整课程设置，保障劳动力市场的有序运行。不仅能够为企业提供充足的生产力，更能通过技术升级提高资源使用效率，合理配置内部各类生产要素。

（三）致力于打造现代化物流体系，提升区位空间优势

对陶瓷产业的壮大而言，交通运输网的发达程度和分装打包技术的先进程度都起着较为重要的作用。这是基于产业集群本身具有的空间聚集性，陶瓷企业、泥土供应商、分销商、陶瓷研究所、陶艺中心等不同性质的企业或其他组织受利益、科研等需求驱动而联结在一起，形成信息发达且实力雄厚的有机系统，现代化的物流体系除连接系统内各个组成部分外，更扮演着沟通不同集群区域这一重要角色。利用物流技术，上游的原料供应商、中间的社会服务提供者、营利性中介组织、下游的批发商、网络销售平台、深加工企业等处于不同地区不同环节的经济主体共同构成较为完整的价值链，实现优劣互补，提升全区的综合竞争力。

可见，高效率的物流体系为陶瓷产业集群生产要素的积累和后续对外沟通的进行以及未来发展提供了坚实的物质基础，有助于聚拢更多与陶瓷产业关联度高、专业水平更先进的企业组织，优化区域内部分工，完善本区域产业布局，提升陶瓷产业的核心竞争力。基于此，必须扎实做好以下几个方面，建设符合时代特征及行业实际的现代化优质物流体系。

第一，大力培育并扶持本土大型物流龙头企业，带动区域物流行业的发展。市场经济中，企业才是现代化物流体系建设的主力军，政府应当扮演好引导者的角色，充分调查市场环境和本地现状，建设物流园区，无偿提供物流方面的培训课，以及招商引进知名物流企业入驻等形式大力扶持当地物流行业的发展，并通过这种协作方式合理规划集群内部的大型仓储基地、集中交易市场、运输码头等与物流行业发展相关的布局及升级路径。可以向广东学习，为创造便利的陶瓷产品运输条件，广东政府与本地企业及大型民间组织携手，扶持了以中外运为代表的多家本地物流龙头企业，依托珠三角地区成熟的物流网和港澳台地区广阔的市场平台及巨大的市场潜力，成功建设本省现代化物流体系，为广东陶瓷产业的崛起和经济水平的提升奠定了基础。

第二，科学制定区域发展战略，结合地理环境，选择合适的地点作为本区域资源交换的连接点，并以点带面，落实以陶瓷产业集群为核心的未来规划。对于典型的陶瓷产业集群地而言，该类集群能否充分发挥规模效应、范围效应等方面的作用，既依赖于陶瓷产业集群内部现代化建设的水平，也取决于集群与本区域经济耦合的结果，而物流配送作为陶瓷产业及配套产业获取信息、占领市场、招商引资的枢纽，很多地区就是受落后基础设施建设状况的影响，经济长期处于低增长甚至负增长水平，严重制约着陶瓷产品市场份额的增加和关联产业的成长。

因此，地方政府有必要全面考虑陶瓷产业群内各类经济实体的区域布局，杜绝以往封闭自保的错误观念，同本区域外部的政府、企业、行业自律组织、自发成立的陶瓷研究团体等主体通力合作，选取交通便利、流量较大的地方作为物流枢纽，不断完善陶瓷运输专线的建设和配送条件的升级换代。条件有限的区域可以先吸引国内外第三方物流分支机构的入驻，同时加强包括仓储地区、港口、运输线路等在内的基础设施建设，注意统筹资源，避免重复建设和资源浪费，地方高校及科研机构可以开设相关的物流专业课程，培养大批未来的专业化物流人才，不断提高运输配送环节的工作效率，统分结合，提升本区域物流集散的服务水平。

第三，积极携手国际性物流集团，加快推进陶瓷产业国际化进程，实现产业链的进一步优化升级。综观广东和福建地区陶瓷产业的优势，较为突出的一方面是其跨国公司招揽及双边贸易进行得较为顺利。福建、广东二省是国内著名的侨乡，长期积累了先进的生产技术与雄厚的资本，其创业氛围也较为浓厚，以上几方面的特质加上当地发达的水陆空交通状况，充分实现了产业链的纵向延伸。两地的陶瓷企业拥有充足的廉价劳动力，加上港台地区的物流服务业的支持，使得该区现代化物流体系建设十分完备。虽然地处内陆的陶瓷产业集群在资本供应和跨国协作上确实难以与沿海地区匹敌，但是互联网时代的到来和高铁的通车为信息交换和跨区分工创造了更多可能。各大陶瓷产区应充分结合地方实际，引入跨国物流公司，或者在几个产区交汇地带设立大型物流园区，传播先进的管理理念和运输技术，以期为后续培养成功的本土物流业龙头。同时，跨国合作的推进也能够进一步拓宽我国瓷器及相关制品的国际市场，陶瓷企业有机会了解更多不同的生产技艺，伴随其发展的必然是研发、深加工等产业链上不同环节的自我升级，更深层地实现专业化分工协作，提升本区的产业耦合协调度和深度。

（四）坚持科学、协调发展，提高经济增长发展目标

陶瓷产业作为制造业的一员，无可避免地在生产、运输等过程中形成大量的资源浪费及环境污染。很多地方政府在开发过程中不注重科学规划、适度开发，甚至有些地方政府只开发，不治理，过度消耗自然资源来换取经济总量的增加。因此，必须及时转变发展观念，注重区域内部和谐，全面提高本区域经济增长的发展目标。结合笔者实地调研所得与理论学习所得，提出如下建议：

第一，树立品牌意识，把好陶瓷产品的质量关，巩固陶瓷产业的核心地位。过去，陶瓷企业与地方政府大都将工作重心放在了大批量、标准化生产等数量方面的增加上，但是当今社会个性化需求带动的定制产品生产模式已经成为时代主流，消费者对产品的口碑与独特性要求不断提高，这

就促使陶瓷行业的生产者及销售商共同努力，一方面积极探索新工艺、增加产品类别和新颖度，另一方面线上和线下推广双管齐下，将品牌推广到更多消费群体中去。这对陶瓷行业的市场参与者提出了更高的要求。企业必须通过对外学习、自主研发等方式开辟新的生产方向，并改进生产流程，培训工人以降低能耗，节约成本，还要确立正确的营销模式和售后服务形式。可以预见，专业化的营销平台和服务机构将会日益增多并日趋成熟，专门的研发型企业和加工企业也会渐成规模。这些不同形式不同行业的组织机构围绕陶瓷产业这一核心分工协作，通力打造本区域的品牌，才能应对时代的变迁。

第二，培养创新精神，鼓励研究开发与校企协作，改进陶瓷产业集群内核心技艺，同时加速促进研究成果转化为实际生产力。从创新意识的培养方面来看，关键在于宣传工作要到位。传统的贴布告栏、拉横幅的形式已经很难引起民众的注意，应充分利用微信平台、网络宣传、活动宣传等不同形式，多渠道传播创新思维。从研发角度来看，仅仅依赖宣传是很难真正推动研发进程或吸引更多人投身研发事业。必须采取更实际的方式，包括创立研发基地，从科研院校和企业中挑选专业水平高的人才，通过给予政府财政性补贴或启动经费扶持等方式激励他们致力于研发事业并实现成功转化。还可以设立科技示范园，政府出资引进国内外先进成果，供相关行业的人才学习研究，提高本土的研发水平和产品含金量。也可以成立专门的项目组，专职培养高水平人才，为研发事业注入原动力。从成果转化的角度来看，很多研究成果最后都未能在实际工作和生活中发挥作用的原因包括研究完全脱离实际情况、验收部门成果认定标准不适用以及激励制度不健全等多方面。基于此，为了促进成果更快更好地转化成实际生产力，必须要利用信息化带动工业化，做好与市场对接的工作，根据实际调研结果来展开研究并及时调整。相关成果认定部门必须认真把关，监督研究过程的实地调研力度，并客观评价研究成果的实际应用价值，对于不合格、消极怠工的研究团队不仅要加大检查力度，更应制定严厉的处罚条例。还有政府有关部门如科技厅，应积极出台鼓励性政策，对于成果转化设立科学的评判标准，对于优秀项目给予物质奖励的同时公开表彰，激发更多人的研发热情并督促其加深研究力度，真正出成果。

第三，转变陶瓷产业集群的增长方式，进一步节约资源，推动全区产业布局的落实，重点围绕以下几个方面不断进步：一方面从过分追求实体市场的占有份额转向结合电子商务，准确定位，开辟国际市场和新兴消费市场。另一方面从区域内部发展失衡到积极引导资源流向，利用宏观政策扶持周边落后地带的基础设施建设和经济发展，释放贫困地区的生产潜力和创业热情，打造陶瓷产业的坚实后盾，做好劳动力输送、产品包装、产品加工等配套环节的工作。在本区构建产业协调发展的格局，提高风险防范水平和更多不同类型的就业机会，全方位提高区域竞争力和和谐度。

要实现上述转变，政府、个人、企业必须齐发力。就政府而言，在规划产业园区时不应只考虑核心产业的需求，应从整个经济区域的角度思考问题，避免资源过度集中，破坏市场秩序。从功能齐全的角度出发，在土地出让、贷款政策、税费优惠方面做出调整，鼓励旅游服务、陶瓷制作体验、专业分销企业等不同行业不同规模的经济主体发展壮大。并引入专业的培训学校、基础教育学校、医院、商超等日常生活的配套设施，既补足产业园区功能上的缺陷，也带动了相关行业的成长。就科研院校而言，应鼓励学生积极创业，为本区域经济发展注入新知识和活力。另外，也可以与企业协作，为学生提供实习机会、实验基地，使人才培养更为全面且具有针对性。就个人而言，必须扬长避短，选择适合自己的职业道路，利用政府帮扶，积极投身到区域经济发展建设的工作中去。

（五）加快"陶瓷产业集群+创新转型"，拓宽产业发展空间

在工业转型升级的大背景下，我国陶瓷产业集群开启了从发育壮大走向素质提升的升级之路，"集群+"的选项正成为升级的方向，如"集群+互联网"、"集群+文化创意"等。

第一，抱团转移到域外发展。陶瓷产业兼具劳动密集型和资源密集型的特点，对当地资源环境和劳动力供给具有非常强的依赖。因此，要加快

促进传统陶瓷生产基地转型升级，陶瓷企业可以通过商会、协会甚至政府有组织或自发地对外投资和转移产能，以应对成本快速上涨的现实压力。例如，河南、湖北等资源环境容量较大、劳动力相对充足的城市开始承接这一轮的产业转移。地方政府可以通过合作共建园区的方式联手推动产业转移，利用各自的比较优势将集群产业链整体打包和产业生态异地复制，实现集群共育、园区共建、风险共担、利益共享。

第二，创建适应集群升级方向的工程技术研究平台。抓住陶瓷产业集群信息化、知识化、艺术化、金融化、全球化的趋势，重新改造既有的各类工程技术研究平台，打破工艺技术和产品设计孰轻孰重的惯性认识，重新将这类行业技术共性平台定位为行业全能性知识服务者，依托行业龙头企业和集群知识学习网络扩大技术性知识、商业模式、新业态拓展等方面的传播推广。同时，着力解决陶瓷产业集群普遍存在的"重平台、轻维护，重投入、轻建设"（即"两重、两轻"）问题，力争在产业转型升级过程中补上这块短板。

第三，促进集群地理集中化发展。我国陶瓷产业集群都不同程度地出现原材料资源枯竭、环境污染排放大、占地多等问题，对城市投资环境和城市品质提升产生负面的影响，"陶都＝污染天堂"负面形象深入人心。在直面这些不可持续发展的难题时，我国陶瓷产业集群应坚持绿色发展理念，淘汰一批低、散、小、乱的企业，规划建设高标准的产业园区，吸引企业入园发展，确保环保达标。针对行业发展的内在规律，引导企业建立紧密的产业链衔接和配套联系，使企业入园区不是简单的扎堆集聚，而是共同发展。

第四，进一步整合现有产区，打造中心—外围区域。政府部门应该对现有陶瓷产区进行整合，划分为几大区域，每个区域中选择培育几个中心，中心主要承担产业链高端环节，科技研发和孵化，发展总部经济，外围区域配合中心，进行生产加工，多点布局，由中心辐射外围，带动整个区域的发展。根据目前发展和未来趋势，我国陶瓷产业布局可能形成几大经济圈：东部以佛山为中心，带动清远、河源、肇庆形成东部产区；西部以夹江为中心,带动丹棱、宜宾打造西部产区;中部以景德镇为中心,带动高安、丰城产区的形成;北方以淄博为中心,带动阳泉、临沂、法库等的发展,形成北方产区。这几大产区中,佛山陶瓷经济圈比较成熟,辐射能力较强,而佛山率先发展总部经济,把生产加工转移到外围区域,因此国家在佛山发展总部经济的过程中要给予支持和引导,在关停转让陶瓷企业时不能"一刀切",要循序渐进,防止产业空心化削弱佛山核心地位,从而弱化其辐射力量。

第五,鼓励产业转移,发挥区域优势,明确发展重点。陶瓷产业要实现转型升级,必须充分利用我国各区域在原材料、能源、交通、经济发展状况、生态环境、人才储备以及产业发展基础等方面存在的差异,积极引导和促进国内产能由东部适度有序向中西部转移,积极稳妥地在合适的国家或地区形成新的产能。区域间应进行分工协作,避免重复生产,东部生产高端陶瓷和发展高新技术前沿等价值链高端,中西部应把发挥区域优势、降低成本、扩大区域市场作为自己的发展重点,形成优势互补,避免同质低价竞争。

第六,倡导适度分散布局模式。经济发展需要国家控制规划,我国陶瓷产业布局已经形成了显著的集群式和园区发展模式。集中发展节约了成本,有助于信息交流和传播,在陶瓷产业发展初期表现出了优势。但是由于陶瓷生产具有环境污染性,集聚生产超出环境承载能力,使环境难以自洁,因此现阶段陶瓷集群发展和园区规划必须进行严格控制规划。这要求地方政府在园区建设初期,就必须进行合理规划,严格执行园区准入标准,布局相对分散,防止先引入发展,后治理污染的落后布局思维,遵循集中趋势下的适度分散布局模式。

第七,鼓励生产基地布局贴近消费市场。随着原材料成本、劳动力成本和运输成本的提高,陶瓷生产利润进一步被压缩。虽然交通运输业发达,但陶瓷行业是一个大进大出的行业,原料运输需封闭防止污染,产品运输要防止破碎,因此对交通运输要求较高而且运输成本较大。基于此,生产基地应尽可能靠近消费市场,运输半径不宜过大。此外,由于建筑卫生陶瓷和房地产市场紧密关联，随着房地产市场向三四线城市转移，未来陶瓷生产基地也要随之发生迁移，既贴近市场，又享受低成本扩张的优势。因此，政策要引导产业布局时贴近市场，降低无谓成本损耗。

　　第八，实施产品差异化战略，打造中国陶瓷世界品牌。差异化战略是指中国陶瓷企业提供的陶瓷产品在产品设计、功能、质量、品牌、产品形象和服务方式等方面在世界陶瓷产业中具有独特性的战略。开展差异化战略的依据是陶瓷产品的属性对产品销售有巨大影响，有些陶瓷产品属于日用品，有的陶瓷产品已具有了奢侈品、收藏品的属性；而中国陶瓷产业是劳动密集性产业，企业产品存在很大程度上的同质性，导致行业内竞争异常激烈，利润压缩，但由于陶瓷生产设备专用性强，企业退出壁垒高，即使行业利润稀薄，企业仍不愿意退出。为此企业尤其有必要实施差异化战略。

参考文献

［1］左和平. 中国陶瓷产业国际竞争力研究［M］. 北京：中国社会科学出版社，2013：5-6.

［2］Agost M J, Company P, Romero F. Managing Mechanisms for Collaborative New-Product Development in the Ceramic Tile Design Chain［J］. Journal of Universal Computer Science, 2011, 17（2）：224-242.

［3］Gabaldón-Estevan D, Criado E, Monfort E. The Green Factor in European Manufacturing：A Case Study of the Spanish Ceramic Tile Industry［J］. Journal of Cleaner Production, 2014（70）：242-250.

［4］Shin D H, Hassink R. Cluster Life Cycles：The Case of the Shipbuilding Industry Cluster in South Korea［J］. Regional Studies, 2011, 45（10）：1387-1402.

［5］Hervas-Oliver J L, Lleo M, Cervello R. The Dynamics of Cluster Entrepreneurship：Knowledge Legacy from Parents or Agglomeration Effects? The Case of the Castellon Ceramic Tile District［J］. Research Policy, 2017, 46（1）：73-92.

［6］Molina-Morales F X, Martínez-Cháfer L, Valiente-Bordanova D. Different Paths to Achieve High Technological Innovation in Clustered Firms：An Analysis of the Spanish Ceramic Tile Industry［J］. Applied Sciences, 2019, 9（18）：3710.

［7］Cusmano L, Morrison A, Pandolfo E. Spin-off and Clustering：A Return to the Marshallian District［J］. Cambridge Journal of Economics，2015，39（1）：49–66.

［8］桑瑞聪，郑义. 产业转移与产业升级——基于三个典型产业的案例分析［J］. 当代经济管理，2016（7）：68–74.

［9］章立东. 陶瓷产业集群与区域经济空间耦合研究［M］. 北京：经济管理出版社，2016：3–4.

［10］张玉山，邓宏亮，田园. 中南地区陶瓷手工艺作坊时空演变及经济效应［J］. 经济地理，2021（2）：139–147.

［11］周志. "瓷""都"之路——景德镇陶瓷产业发展的思考［J］. 装饰，2014（8）：12–17.

［12］许水平，尹继东. 产业集群衰退及应对策略研究［J］. 学习与实践，2013（6）：33–39.

［13］Slaper T F, Harmon K M, Rubin B M. Industry Clusters and Regional Economic Performance：A Study Across U. S. Metropolitan Statistical Areas［J］. Economic Development Quarterly，2018，32（1）：44–59.

［14］Delgado M，Porter M E，Stern S. Defining Clusters of Related Industries［J］. Journal of Economic Geography，2016（16）：1–38.

［15］Chrisinger C，Fowler C S，Kleit R G. Industry Clusters and Employment Outcomes in Washington State［J］. Economic Development Quarterly，2015，29（3）：199–210.

［16］You S Y，Zhou K Z，Jia L D. How Does Human Capital Foster Product Innovation？The Contingent Roles of Industry Cluster Features［J］. Journal of Business Research，2021（130）：335–347.

［17］Toussaint–Comeau M，Newberger R，Augustine D. Inclusive Cluster–Based Development Strategies for Inner Cities：A Conference Summary［J］. Economic Development Quarterly，2016，30（2）：171–184.

［18］Lai Y L，Hsu M S，Lin F J，et al. The Effects of Industry Cluster Knowledge Management on Innovation Performance［J］. Journal of Business

Research，2014，67（5）：734-739．

［19］Engelberg J，Ozoguz A，Wang S. Know Thy Neighbor：Industry Clusters，Information Spillovers and Market Efficiency［J］．Journal of Financial and Quantitative Analysis，2018，53（5）：1937-1961．

［20］李海东，方志斌．"一带一路"与中国建筑陶瓷产业发展研究［J］．河北大学学报（哲学社会科学版），2018，43（2）：126-137．

［21］袁永，李金惠，李妃养．国内外陶瓷产业发展态势及发展后陶瓷产业的对策研究［J］．广东科技，2016，25（5）：62-65．

［22］郭建芳．中国陶瓷出口现状、国际竞争力水平与产业转型思考［J］．价格月刊，2017（9）：82-85．

［23］叶小兰．技术创新与景德镇陶瓷特色产业集群［J］．科技管理研究，2007（12）：256-257．

［24］Pritchard A. Statistical Bibliography or Bibliometrics［J］．Journal of Documentation，1969，25（4）：348．

［25］张妮，王婧媛．基于CiteSpace的知识图谱国内外研究热点分析与趋势展望［J］．情报资料工作，2017（3）：33-41．

［26］郭建晖．时代呼唤：实现陶瓷产业振兴［J］．中国统计，2004（10）：32-34．

［27］秦夏明，董沛武，李汉铃．产业集群形态演化阶段探讨［J］．中国软科学，2004（12）：150-154．

［28］赵波，张惠琴，李梨花．西部瓷都陶瓷产业集群内企业自适应行为分析［J］．统计与决策，2011（18）：186-188．

［29］王凤波，范忠宏．县域经济可持续发展的实践研究——以法库为例［J］．社会科学辑刊，2011（4）：113-115．

［30］李松志．基于集群理论的佛山禅城陶瓷产业转移时空演替机理研究［J］．人文地理，2009（1）：32-58．

［31］周杰．融合型集群：西部资源型产业集群高级化的途径［J］．生态经济，2008（2）：127-130．

［32］ Da Silva A C, Mexas M P, Goncalves Quelhas O L. Restrictive Factors in Implementation of Clean Technologies in Red Ceramic Industries ［J］. Journal of Cleaner Production, 2017, 168 （Dec. 1）: 441-451.

［33］ Micheli G, Cagno E, Tappia E. Improving Eco-Efficiency Through Waste Reduction Beyond the Boundaries of a Firm: Evidence from a Multiplant Case in the Ceramic Industry ［J］. Sustainability, 2018, 10 （1）: 167-183.

［34］ 左和平, 杨建仁. 基于面板数据的中国陶瓷产业集群绩效实证研究 ［J］. 中国工业经济, 2011 （9）: 78-87.

［35］ Albors-Garrigos J, Hervas-Oliver J. Disruptive Innovation in Traditional Clusters: The Case of the Kerajet Ceramic Tile Cluster in Spain ［J］. Applied Sciences, 2019, 9 （24）: 5513.

［36］ 余炳才, 徐华, 段克和. 景德镇陶瓷产业创新服务平台建设的SWOT 分析及战略思考 ［J］. 企业经济, 2011, 30 （10）: 85-87.

［37］ Flor M, Oltra M J. The Influence of Firms' Technological Capabilities on Export Performance in Supplier-dominated Industries: The Case of Ceramic Tiles Firms ［J］. R&D Management, 2005, 35 （3）: 333-347.

［38］ 左和平. 全球价值链下我国陶瓷产业集群升级策略 ［J］. 江西社会科学, 2010 （1）: 78-81.

［39］ Oliver J, J A Garrigós, Porta J. External Ties and the Reduction of Knowledge Asymmetries among Clusters within Global Value Chains: The Case of the Ceramic Tile District of Castellon ［J］. European Planning Studies, 2008, 16 （4）: 507-520.

［40］ 王爱红. 景德镇陶瓷产品系统设计的构成因素——以洗脸盆为例 ［J］. 装饰, 2015 （11）: 134-135.

［41］ 李松志. 佛山禅城建筑陶瓷产业转移机理 ［J］. 经济地理, 2007, 27 （2）: 208-212.

［42］ 左和平, 王影, 杨建仁. 基于改进熵值法的我国日用陶瓷产业集群绩效评价 ［J］. 江西社会科学, 2011, 31 （7）: 62-67.

［43］孙兰．"非遗"语境下长沙窑陶瓷传统技艺传承与产业复兴［J］．湖南科技大学学报（社会科学版），2018，21（4）：143-148.

［44］季燕菊．加强特色馆藏　提供特色服务——以景德镇陶瓷文献图书馆服务陶瓷产业振兴为例［J］．图书情报工作，2015，59（S1）：85-87.

［45］鲁伟．论创意经济学与创意产业发展——以江西景德镇陶瓷文化创意产业为例［J］．江西财经大学学报，2012（6）：14-19.

［46］刘娟，张乐柱．出口竞争力、产业升级与地区经济增长——以广东陶瓷业为例［J］．贵州财经大学学报，2014（5）：105-110.

［47］Silvente F R. Price Discrimination and Market Power in Export Markets：The Case of the Ceramic Tile Industry［J］.Journal of Applied Economics，2005（8）：1.

［48］Schwob M R V，Maurício Henriques Jr，Szklo A. Technical Potential for Developing Natural Gas Use in the Brazilian Red Ceramic Industry［J］. Applied Energy，2009，86（9）：1524-1531.

［49］Jeferson V S W，Scur G，Hilsdorf W C. Eco-Innovation Practices in the Brazilian Ceramic Tile Industry：The Case of the Santa Gertrudes and Criciúma Clusters［J］.Journal of Cleaner Production，2018，199（1-1130）：1007-1019.

［50］Villar C，Alegre J，Pla-Barber J. Exploring the Role of Knowledge Management Practices on Exports：A Dynamic Capabilities View［J］. International Business Review，2014，23（1）：38-44.

［51］徐敏燕．景德镇与佛山陶瓷产业集群竞争力比较分析——基于AHP法的实证检验［J］．科技管理研究，2014，34（1）：155-158.

［52］刘善庆．基于组织生态理论的特色产业集群形成机理分析——以景德镇陶瓷特色产业集群为例［J］．科技管理研究，2007（8）：135-136.

［53］曾刚，文嫣．全球价值链视角下的瓷砖地方产业集群发展研究

[J]．经济地理，2005（4）：37-40.

［54］徐敏燕，左和平．行为机制、组织环境与产业集群演化——以景德镇陶瓷产业为例［J］．江西社会科学，2013（4）：59-63.

［55］赵波．产业集群特征与创新绩效关系实证研究——以陶瓷产业集群为例［J］．软科学，2011，25（11）：19-23.

［56］李海东．基于社会网络分析方法的产业集群创新网络结构特征研究——以广东佛山陶瓷产业集群为例［J］．中国经济问题，2010（6）：25-33.

［57］李秀斌，刘少和．基于产业价值链视角的工业遗址资源景区转型升级路径研究——以佛山南风古灶国际创意园为例［J］．资源开发与市场，2018，34（7）：1021-1025.

［58］邓保生．推动陶瓷文化创意产业发展的思考［J］．经济研究参考，2012（40）：53-58.

［59］Micheli G J L, Cagno E, Tappia E. Improving Eco-Efficiency through Waste Reduction Beyond the Boundaries of a Firm：Evidence from a Multiplant Case in the Ceramic Industry［J］．Sustainability，2018，10（1）：167-183.

［60］Dezi L, Ferraris A, Papa A, Vrontis, D. The Role of External Embeddedness and Knowledge Management as Antecedents of Ambidexterity and Performances in Italian SMEs［J］．IEEE Transactions on Engineering Management，2019（99）：1-10.

［61］黄勇，刘春瑾，赵松发，周荣林．景德镇陶瓷创意文化产业体系构建研究［J］．江西社会科学，2008（12）：198-202.

［62］黄勇，邱婷，刘细发．景德镇创意文化产业发展路径研究［J］．江西社会科学，2010（2）：219-222.

［63］江金波．旅游产业融合的动力系统及其驱动机制框架——以佛山陶瓷工业旅游为例［J］．企业经济，2018（5）：5-13.

［64］郭建晖．陶瓷产业链依托于科技创新［J］．中国国情国力，2005（5）：51-53.

［65］梁祺，左和平.中国陶瓷产业集群技术创新效率测度研究
［J］.统计与决策，2012（14）：87-89.

［66］张惠琴，邵云飞，李梨花.集群企业竞合行为与技术创新绩效
关系研究——以陶瓷产业集群为例［J］.中国科技论坛，2011（9）：
110-115.

［67］周妮笛，李明贤，伍格致，徐新龙，李毅.基于产业集群视角
的小微企业融资新模式［J］.经济地理，2016（2）：138-142，158.

［68］张良华，冯浩，杨志民.关于建立中国陶瓷产业知识产权战略
联盟的设想［J］.科技进步与对策，2010（23）：68-70.

［69］黄弘.基于可持续发展理念的新兴陶瓷产业园区（基地）发展
研究［J］.企业经济，2011（9）：83-85.

［70］郭建晖.政府培育陶瓷产业集群的战略研究［J］.当代财
经，2005（9）：86-88.

［71］孙晓岗.创新融合视角下陶瓷文化产业的管理与发展［J］.科
技管理研究，2020（6）：277.

［72］徐敏燕，左和平，章立东.文化与技术距离对我国陶瓷产品出
口竞争力的影响［J］.江西社会科学，2017（5）：97-103.

［73］宋充，程磊.景德镇陶瓷文化产业集聚发展研究［J］.江西社
会科学，2014（11）：57-60.

［74］方志斌，李海东.德化陶瓷产业集群创新发展能力研究［J］.
亚太经济，2015（5）：126-131.

［75］谌飞龙，程月明，周泽宇.产业集群条件下区域品牌的发展演
变——以混沌理论为视角［J］.江西社会科学，2013（10）：223-227.

［76］章立东，李奥.传统制造业集群与区域经济高质量发展耦合研
究——以陶瓷制造为例［J］.江西社会科学，2021（3）：81-91.

［77］Marshall A. The Principles of Economics ［J］. Political Science
Quarterly, 2004, 77 (2): 519-524.

［78］Porter M E. Clusters and the New Economics of Competition

［J］. Watertown：Harvard Business Reviews，1998，76（6）：77-90.

［79］Porter M E. The Competitive Advantage of Notions［J］. Harvard Business Review，1990，68（2）：73-93.

［80］王步芳. 世界各大主流经济学派产业集群理论综述［J］. 外国经济与管理，2004（1）：12-16.

［81］仇保兴. 中小企业集群研究［M］. 上海：复旦大学出版社，1999：12.

［82］仇保兴. 发展小企业集群要避免的陷阱——过度竞争所致的"柠檬市场"［J］. 北京大学学报（哲学社会科学版），1999（1）：25-29.

［83］Say J B. Letters to Mr. Malthus on Several Subjects of Political Economy and on the Cause of the Stagnation of Commerce［M］. Translated by John Richter，London：Printed for Sherwood，Neely and Jones，1967.

［84］崔功豪，武进. 中国城市边缘区空间结构特征及其发展——以南京等城市为例［J］. 地理学报，1990（4）：399-411.

［85］曾菊新. 试论空间经济结构［J］. 华中师范大学学报（哲学社会科学版），1996（2）：8-13.

［86］Weber A. Theory of the Location of Industries［J］. Nature，1960，15（1）：1.

［87］Leontief W. Input-Output Economics［M］. New York：Oxford University Press，1966：257.

［88］Learmonth D，Munro A，Swales J K. Multi-sectoral Cluster Modelling：The Evaluation of Scottish Enterprise Cluster Policy［J］. European Planning Studies，2003，11（5）：567-584.

［89］Guimaraes P，Figueiredo O，D Woodward. Dartboard Tests for the Location Quotient［J］. Regional Science & Urban Economics，2009，39（3）：360-364.

［90］高月媚. 东北地区产业集群与经济空间耦合机理研究［D］. 吉林大学，2019.

［91］林涛.我国产业集群概念辨析［C］.2004年学术年会暨海峡两岸地理学术研讨会论文摘要集，2004.

［92］李忠华，李新生.基于系统动力学的产业集群与专业集群耦合发展［J］.中国职业技术教育，2019（8）：69-74.

［93］周灿，曾刚.经济地理学视角下产业集群研究进展与展望［J］.经济地理，2018，38（1）：11-19.

［94］李欣燃.产业集群与区域经济系统耦合研究［J］.当代经济，2010（7）：116-118.

［95］汪秀琼，陈海鹰，吴小节.产业集群研究的知识结构及主题演化［J］.热带地理，2021（1）：190-205.

［96］Krugman P. Increasing Returns and Economic Geography［J］. Journal of Political Economy，1991，99（3）：483-499.

［97］刘强，陆小莉，徐生霞.城市群视角下产业集聚的空间异质性研究［J］.数理统计与管理，2020，39（6）：1073-1086.

［98］徐雪娇，赵亚奇，崔学良.创新驱动下家具产业集群空间演化研究［J］.林产工业，2021，58（5）：42-45.

［99］古耀杰，任艳珍.人力资本视域下产业集群与区域创新系统耦合机制研究［J］.科学管理研究，2016（1）：62-66.

［100］杨建仁，左和平，章立东.陶瓷产业集群——区域经济空间耦合机理研究［J］.中国陶瓷，2017，53（6）：35-40.

［101］左和平，黄速建，刘建丽，章立东.中国陶瓷产业发展报告［M］.北京：社会科学文献出版社，2016：13.

［102］朱卫平，陈林.产业升级的内涵与模式研究——以广东产业升级为例［J］.技术经济，2011（2）：60-66.

［103］李海波，李苗苗.中国战略性新兴产业创新集聚发展机制——以淄博市新型功能陶瓷材料产业为例［J］.技术经济，2016（7）：97-102.

［104］李志刚，刘文磊，刘振，崔连广.裂变型创业的裂与聚——淄

博陶瓷产业科技创新探索性研究〔J〕. 科学管理研究，2013（6）：60-63.

［105］Krugman P. Geography and Trade〔M〕. MIT Press Books, 1992.

［106］Martin R，Sunley P. Deconstructing Clusters: Chaotic Concept of Policy Panacea?〔J〕. Journal of Economic Geography, 2003, 3（1）.

［107］王今. 产业集聚的识别理论与方法研究〔J〕. 经济地理，2005（1）：9-11.

［108］李广志，李同升，孙文文，王武科. 产业集群的识别与选择分析——基于陕西省产业集群的研究〔J〕. 人文地理，2007（6）：57-60.

［109］Feser E J，Bergman E M. National Industry Cluster Templates: A Framework for Applied Regional Cluster Analysis〔J〕. Regional Studies, 2000, 34（1）：1-19.

［110］Saaty T L. The Analytic Hierarchy Process: Planning, Priority Setting, Resource Allocation〔M〕. New York: McGraw-Hill, 1980.

［111］Sweeney S H，Feser E J. Plant Size and Clustering of Manufacturing Activity〔J〕. Geographical Analysis, 2010（1）：45-64.

［112］阮建青，张晓波，卫龙宝. 危机与制造业产业集群的质量升级——基于浙江产业集群的研究〔J〕. 管理世界，2010（2）：69-79.

［113］李世杰，李凯. 产业集群的结构本质：模块化耦合〔J〕. 学习与实践，2010（6）：11-18.

［114］贺灿飞，潘峰华. 产业地理集中、产业集聚与产业集群：测量与辨识〔J〕. 地理科学进展，2007（2）：1-12.

［115］Fingleton B，Igliori D C，Moore B. Employment Growth of Small Computing Services Firms and the Role of Horizontal Clusters: Evidence from Great Britain 1991-2000〔M〕. Springer Berlin Heidelberg, 2003.

［116］王琦，陈才. 产业集群与区域经济空间的耦合度分析〔J〕. 地理科学，2008（2）：145-149.

［117］刘宇，周建新. 公共文化服务与文化产业的协调发展分

析——基于 31 个省域面板数据的实证［J］. 江西社会科学，2020（3）：72-84.

［118］文礼朋，赖立，曲宗琴. 桂林市制造业、旅游业与区域经济耦合协调发展研究［J］. 广西社会科学，2017（6）：28-32.

［119］张涛. 高质量发展的理论阐释及测度方法研究［J］. 数量经济技术经济研究，2020（5）：23-43.

［120］赵海婷，程春清，彭艳. 基于产业集群的中小企业技术创新能力提升对策研究——以景德镇陶瓷中小企业集群为例［J］. 企业经济，2009（6）：96-98.

［121］郭建晖，梁勇，龚荣生. 历史文化名城的复兴及其启示——来自景德镇的调研报告［J］. 江西社会科学，2019（3）：241-253.

［122］吴勤堂. 产业集群与区域经济发展耦合机理分析［J］. 管理世界，2004（2）：133-134.

［123］王琦，陈才. 产业集群与区域经济空间的耦合度分析［J］. 地理科学，2008，28（2）：145-149.

［124］王晶欣. 科技服务业集聚与区域创新能力发展的耦合作用机理及协同运行机制研究［D］. 苏州：江苏科技大学，2019.

［125］王恰. 产业集群与区域经济空间的耦合度解析［J］. 中国商贸，2013（14）：154-155.

［126］齐义军，巩蓉蓉，付桂军. 呼包鄂城市群与产业集群耦合发展评价［J］. 前沿，2019（1）：47-57.

［127］方法林，金丽娇，张岳军. 基于齿轮模型的旅游产业与区域经济耦合协调度研究——以长三角城市群为例［J］. 南京师大学报（自然科学版），2013，36（2）：119-125.

［128］李欣燃. 产业集群与区域经济系统耦合研究［J］. 当代经济，2010（7）：116-118.

［129］华德亚，储婷婷. 战略性新兴产业与区域经济的耦合协调研究——以长江经济带为例［J］. 合肥学院学报（综合版），2018，35

（4）：46-53.

［130］霍影．战略性新兴产业、传统产业与区域经济空间协调发展度研究——基于三子系统耦合系统的分析框架［J］．情报杂志，2012（12）：180-185.

［131］张洪潮，赵丽洁．产业集群与区域经济耦合效应的评价［J］．统计与决策，2013（5）：58-60.

［132］李凯，李世杰．装备制造业集群网络结构研究与实证［J］．管理世界，2004（12）：68-76.

［133］赵子越，王怡．旅游产业集聚与区域经济耦合关系研究［J］．湖南商学院学报，2014（3）：73-76.

［134］陈晓峰，邢建国．集群内外耦合治理与地方产业集群升级——基于家纺产业集群的例证［J］．当代财经，2013（1）：102-110.